TRAITÉ ÉLÉMENTAIRE

DU

JEU DE WHIST

PARIS. — IMPRIMERIE DE E. MARTINET, RUE MIGNON, 2

TRAITÉ ÉLÉMENTAIRE

DU

JEU DE WHIST

CONTENANT

LES PRINCIPES DE CE JEU, LES RÈGLES
QUI LUI SONT PROPRES, AINSI QUE LES COMBINAISONS
LES PLUS UTILES POUR APPRENDRE
EN PEU DE TEMPS A Y JOUER DANS TOUTE
LA PERFECTION POSSIBLE.

Résumé de traités anciens et modernes

PAR BERNARD

Les honneurs

PARIS

DELARUE, LIBRAIRE-ÉDITEUR

3, RUE DES GRANDS-AUGUSTINS, 3

TRAITÉ ÉLÉMENTAIRE

DU

JEU DE WHIST

CONTENANT

*Les lois de ce jeu, des règles pour le bien jouer,
divers calculs pour en connaître
les chances, et la solution de plusieurs
cas embarrassants.*

CHAPITRE PREMIER

Des lois du jeu de Whist.

ARTICLE PREMIER

E jeu du Whist se joue entre quatre joueurs, deux contre deux, associés ensemble, avec un jeu de cartes entier, cinquante-deux cartes ; chacun des joueurs a treize cartes en main. Celui qui donne, les distribue une à une en commençant par la gauche. On suit le même ordre pour jouer ; de sorte que le premier en carte est à la gauche de celui qui donne, et le dernier à jouer est à sa droite.

I.

II. Chaque joueur doit veiller à ce qu'on lui donne treize cartes, et s'il arrivait que quelqu'un n'en eût que douze, qu'il ne s'en aperçût qu'après avoir fait plusieurs levées, et que les trois autres joueurs eussent leur compte juste, la donne sera bonne, il n'y aura de puni que celui qui aura joué avec douze cartes, parce que certainement il perdra au moins un point ; mais si un des joueurs avait quatorze cartes, la donne serait nulle ; et celui qui aurait donné, perdrait sa donne.

III. La partie au jeu de Whist est de dix points, ceux des joueurs associés qui ont les premiers fait ce nombre, gagnent la partie. Il faut sept levées pour compter un point ; toutes les levées après la sixième comptent un point, et la levée impaire compte deux points.

IV. Les honneurs font marquer deux points, si l'on en a trois entre soi et son partenaire ; et quatre points si on les a tous. Deux honneurs ne font rien compter, parce qu'il y a égalité entre les deux partis.

V. S'il arrive qu'un des deux partis fasse la vole ou *schelem*, il gagne la partie, quand même il n'aurait pas le nombre de dix points complet.

VI. Si un des deux partis fait dix points avant que l'autre parti en ait fait cinq, il gagne une partie double, ou le double de l'enjeu, à moins que l'on ne convienne du contraire ; de même si l'on fait dix points dans une main, on gagne le double du jeu, à moins que l'on ne convienne aussi du contraire.

VII. Au jeu de Whist, l'enjeu n'a jamais été limité ; mais suivant l'esprit du jeu, il doit être fourni également par chacun des quatre joueurs ; cependant il y a des sociétés où il n'y a qu'un des partis qui met l'enjeu à son tour, et même on a vu des joueurs qui le mettaient chacun à leur tour. On ne peut rien régler là-dessus, dans la crainte de voir violer les lois du jeu : chacun convient de cette partie comme il l'entend ; mais l'esprit du jeu en est le même.

VIII. Celui qui donne, doit laisser sur la table la carte qu'il a tournée, jusqu'à ce que ce soit son tour à jouer ; dès qu'il l'a mêlée dans sa main avec les autres, personne ne doit lui demander quelle carte il a retournée, mais bien quelle est la couleur qui est d'atout. La conséquence qui résulte de cette loi, est que celui qui donne ne peut pas indiquer une autre carte que celle qu'il a tournée ; ce qu'il pourrait aisément faire s'il lui était permis de la mêler subitement avec ses autres cartes.

IX. Si une carte du jeu se trouve retournée, celui qui donne redonnera, à moins que ce ne soit la dernière : mais si celui qui donne donnait de droite à gauche au lieu de gauche à droite, il perdrait sa donne.

X. Aucun joueur ne doit prendre ses cartes et les relever de dessus la table pendant que l'on donne encore ; il doit attendre que la carte d'atout soit tournée.

XI. Si une carte se tourne en donnant, celui qui donne ne perd pas sa donne, mais il dépend de ses adversaires de lui faire redonner ; à moins qu'ils n'en aient été la cause, car dans ce cas-là, le choix est à la volonté de celui qui donne.

XII. Chaque joueur doit mettre ses cartes devant lui ; dès que les cartes sont données, si ses adversaires mêlent leurs cartes avec les siennes, son partenaire est maître de demander que chacun pose ses cartes sans les voir pour trouver son compte ; si les adversaires ne le veulent pas faire, il peut demander une nouvelle donne.

XIII. Les joueurs associés doivent ranger entre eux les levées qu'ils font en les disposant à demi croisées l'une sur l'autre, afin que l'on puisse voir aisément combien chaque parti a fait de levées.

XIV. S'il arrive qu'un joueur renonce, les adversaires ajoutent deux points à ceux qu'ils ont déjà faits, et la partie qui a renoncé démarque d'un point. Ainsi dans le cas où elle aurait dix points et la partie adverse huit, ceux-ci compteraient dix, tandis que la partie qui a renoncé ne compterait plus que neuf. Il en est de même dans tel autre point où peut se trouver la partie.

XV. On ne doit point déclarer une renonce avant que la levée ne soit faite et que celui qui a renoncé ait rejoué ; si la renonce se fait sur la dernière levée de la main, elle doit être punie comme celle qui serait faite dans le courant de la main.

XVI. Si le joueur qui a renoncé, s'aperçoit de sa renonce avant que sa carte soit couverte, ou même avant que la levée soit retournée, il peut reprendre sa carte, ainsi que son partenaire s'il le veut ; mais ses adversaires deviennent maîtres de son jeu et peuvent l'obliger de jouer telle carte qu'ils voudront dans la couleur qu'ils jugeront à propos de mettre sur le tapis.

XVII. La renonce ne peut se faire que sur la couleur qui est d'atout ; sur les autres couleurs, on est maître de faire des feintes en jouant d'autres cartes, pour, dans la suite de la main, devenir maître dans la couleur sur laquelle on a fait une feinte.

XVIII. Lorsqu'un joueur joue avant son tour, ses adversaires peuvent lui faire jouer sa carte tant qu'ils le jugeront à propos pendant toute la main, ou si l'un des adversaires est premier à jouer, il peut se faire nommer par son partenaire les couleurs qu'il doit jouer.

XIX. Si un joueur se croit assuré de faire toutes ses cartes sans jouer, il peut l'exposer à découvert sur la table ; mais si par hasard il s'en trouvait une seule perdante entre elles, il se trouverait exposé à voir appeler toutes ses cartes.

XX. Si quelqu'un jette ses cartes à découvert sur la table croyant avoir perdu, et que son partenaire ne veuille pas donner gagné, les adversaires peuvent appeler telle carte qu'ils voudront dans le jeu de celui qui aura mis son jeu à découvert sur la table.

XXI. Si quelqu'un ayant huit points appelle ; si son partenaire lui répond, et si les adversaires ont jeté leurs cartes, et néanmoins qu'il paraisse n'avoir pas deux points par les honneurs, les adversaires peuvent se consulter et demander une nouvelle donne.

XXII. De même, si quelqu'un répond sans avoir un honneur, la donne est au choix des parties adverses.

XXIII. Et si quelqu'un appelle avant d'avoir huit points, ses adversaires peuvent aussi demander une nouvelle donne ; et dans ces trois cas, la donne restera à celui qui l'avait ; parce que si la donne changeait, les adversaires pour l'avoir se détermineraient plus souvent à demander de nouvelles donnes.

XXIV. On ne peut plus compter les honneurs que l'on avait dans la dernière donne, dès que l'on a retourné la nouvelle carte d'atout, à moins que l'on en convienne avant de jouer.

XXV. Aucun joueur ne doit parler à son adversaire ni même avec son partenaire, si ce n'est dans les cas ou situations du jeu, où les lois le demandent ou le permettent.

XXVI. Personne ne doit demander à son partenaire pendant le courant de la main, s'il a joué un ou plusieurs honneurs.

XXVII. Personne ne peut prendre des cartes neuves au milieu de la partie, sans le consentement des trois autres joueurs.

On pourrait ajouter encore beaucoup d'articles au chapitre des lois de ce Jeu, sans pour cela être assuré de prévenir toutes les contestations, et de décider tous les cas qui pourraient arriver ; c'est ce qui a fait que l'on s'est borné au petit nombre qui est ici; étant bien assuré que la bonne foi et la droiture naturelle aux honnêtes gens, est suffisante pour décider grand nombre de positions singulières qui arrivent dans toutes sortes de jeux, lesquelles ordinairement s'abandonnent à l'arbitrage des témoins qui peuvent avoir vu l'incident du jeu.

CHAPITRE II

Calculs qui enseignent avec une certitude morale,
comment il faut jouer un jeu, ou une main, en démon-
trant quelle chance il y a, que votre partenaire ait
une, ou deux ou trois cartes d'une certaine couleur
dans sa main.

Avant toutes choses, il est bon d'observer
que ceux qui veulent tirer quelque fruit
de la lecture de ce traité, doivent exactement
se mettre au fait des calculs suivants, sur lesquels le raisonnement de tout ce traité est
fondé : et afin de ne pas trop charger la mémoire, il suffira de retenir seulement ceux qui
sont marqués d'un (NB).

Par exemple. Vous voudriez savoir quelle
chance il y a, que votre partenaire ait une certaine carte dans sa main ?

RÉPONSE.

Il y a.... contre lui, pour lui.
NB. Il y en a qu'il ne l'a pas 2 à 1.

II. Vous voudriez savoir quelle est la chance qu'il ait deux cartes d'une certaine couleur dans sa main?

RÉPONSE.

Il y a... contre lui, pour lui.
Qu'il n'en a qu'une seule, il y a... 31 à 26
Qu'il n'a ni l'une ni l'autre........ 17 à 2
NB. Mais qu'il en a une ou toutes les deux la chance est autour de 5 à 4 ou.................................... 25 à 12

Vous voudriez aussi savoir quelle chance il y aurait de lui supposer dans son jeu trois cartes d'une certaine couleur?

Il y a pour lui, contre lui.
Qu'il n'en a qu'une est comme 325 pour lui, 378 contre lui, autour de.... 6 à 7
Pour lui, contre lui.
Qu'il n'en a pas 2, il y a 156 pour lui, à 547 contre lui, autour de.......... 2 à 7
Qu'il ne les a pas toutes trois, il y a 22 pour lui, à 681 contre lui, ou autour de................................. 1 à 31
Mais qu'il en ait une ou deux, il y a 481 pour lui à 222 contre lui, ou autour de................................. 13 à 6
NB. Et qu'il ait 1, 2 ou toutes les trois, est une chance de.............. 5 à 2

Explication et application de ces calculs, que tous ceux qui veulent profiter de ce traité doivent absolument savoir.

Premier Calcul. — Il y a deux à parier contre un, que votre partenaire n'a pas une certaine carte supposée.

Pour appliquer ce calcul, supposons que votre adversaire du côté droit joue une couleur de laquelle vous n'avez que le roi, accompagné d'une petite carte, vous pouvez juger qu'il y a à parier deux contre un, que votre adversaire du côté gauche ne pourra faire la levée, si vous mettez votre roi.

Supposons encore que vous ayez le roi et trois petites cartes d'une couleur, et de plus la dame, et trois petites cartes d'une autre; quelle sera la couleur qu'il faudra jouer? Il faudra jouer celle où vous avez le roi, parce qu'il y a à parier deux contre un que l'as n'est pas derrière la main; au lieu qu'il y a cinq contre quatre, que l'as ou le roi d'une couleur sont derrière vous, et que, par conséquent, vous vous feriez du tort en jouant la couleur qui commence par la dame.

2ᵉ *Calcul.* — Il y a pour le moins cinq à parier contre quatre, que de deux cartes, une de quelle couleur que ce soit, se trouve dans le jeu de votre partenaire; vos adversaires à droite et à gauche, peuvent compter de leur côté sur la même chance : ainsi, posons en fait que vous ayez deux honneurs dans une couleur (NB.) les honneurs sont l'as, le roi, la dame, le valet ; et sachant qu'il y a à parier cinq contre quatre que votre partenaire tient dans sa main un des deux autres honneurs restants, vous pouvez jouer votre jeu au moyen de cette certitude, avec beaucoup plus d'assurance.

Supposons encore que vous n'ayez que la dame et une carte de sa couleur, et que votre adversaire à main droite joue de cette couleur ; si vous posez la dame sur sa carte, il y a cinq à quatre à parier que votre adversaire à main gauche gagnera ; ainsi vous joueriez à votre désavantage dans la même proportion de cinq à quatre.

3º *Calcul.* — Il est comme cinq à deux que votre partenaire tient une de ces trois cartes d'une certaine couleur.

Ainsi, supposez que vous ayez le valet et une petite carte d'une couleur, et que votre adversaire à main droite joue une carte de cette même couleur, il y a à parier cinq contre deux que votre adversaire à gauche tient, ou l'as ou la dame, ou le roi de la même couleur : ainsi vous vous feriez du tort dans la même proportion de cinq à deux, si vous posiez votre valet sur la carte jouée. Observez en outre qu'en découvrant ainsi votre jeu à votre adversaire [du côté droit, il emploiera toutes sortes de ruses pour tromper votre partenaire tant qu'on jouera la même couleur.

Pour mieux vous convaincre de la nécessité qu'il y a de jouer toujours les plus basses cartes d'une séquence dans quelque couleur que ce soit, supposons que votre adversaire joue une couleur de laquelle vous avez en main, le roi, la dame, le valet, ou la dame, le valet, ou le dix : si vous mettez le valet de la séquence composée de roi, dame, valet, vous fournissez à votre partenaire les moyens de pouvoir calculer les chances qu'il y a pour ou contre lui dans la même couleur; et il en est de même où vous avez des séquences.

Prouvons encore l'usage qu'on peut faire de ce calcul par un autre exemple; et supposons pour cette fin que vous ayez en main l'as, le roi et deux petits atouts, avec une quinte majeure, ou cinq autres des plus fortes cartes dans quelle couleur que ce soit, que vous ayez joué deux fois atout, et que tout le monde en ait fourni; dans ce cas, il y aura huit atouts sur la table, deux resteront entre vos mains, ce qui fait dix en tout; il en restera encore trois qui se trouveront partagés entre les autres trois joueurs; il y a une chance de cinq à deux en votre faveur, que votre partenaire en a un; ainsi il est à présumer que vous ferez cinq levées avec les sept cartes qui vous restent.

CHAPITRE III

Explication de quelques termes, ou mots techniques
employés dans le cours de ce traité.

Appeler les Honneurs

APPELER les honneurs, se dit dans les cas
pareils au suivant. Un joueur, a marqué
huit points, il a en main deux honneurs : plutôt
que de jouer, il demande à son partenaire s'il
en a un ; et dans le cas où ce dernier en aurait
un, il gagne le jeu ; parce que trois honneurs
valent deux points. Voilà ce qu'on entend par
appeler les honneurs.

Bredouille. — Bredouille n'est autre chose
qu'une partie double. On gagne une bredouille
si l'on marque dix points avant que ses adversaires en aient marqué cinq, ou si l'on peut faire
les dix points dans une seule main, ou avant
que les adversaires en aient marqué un. Il y a
des personnes qui regardent ces deux derniers
cas comme des jeux de Robre, ou jeu triple ;
mais ordinairement ces deux bredouilles, quoi-

que doubles, ne valent chacune qu'une partie double.

Dernier en atout. — On se trouve dernier en atout quand on en tient encore un ou plusieurs, lorsque tous les autres sont tombés.

Demander une carte. — On demande une carte de force à un joueur, que les lois du jeu ont, pour quelque faute, soumis à cette peine : dans ce cas, ses adversaires peuvent lui faire jouer la carte qu'ils veulent, pourvu qu'ils ne le fassent pas renoncer.

Finasser ou Feinte.—La feinte est un moyen dont se sert un joueur habile, pour faire son avantage. Elle consiste en ceci: quand on vous joue une carte d'une couleur dont vous avez la première et la troisième, vous jugez qu'il vaut mieux mettre votre troisième sur cette carte, et courir le risque que votre adversaire ait la seconde : sur quoi il y a deux à parier contre un qu'il ne l'a pas, et que vous pouvez gagner par ce moyen une levée.

Forcer. — C'est un moyen d'obliger votre partenaire ou votre adversaire de couper une couleur dont il n'a pas. Les divers cas répandus dans ce traité, indiquent dans quelles occasions il est avantageux ou non de forcer l'un ou l'autre.

Ganer. — C'est ne pas prendre une carte quand on le peut, et la laisser passer pour de bonnes raisons : toutefois sans faire une renonce.

Honneur. — Les honneurs sont les quatre premières cartes de chaque couleur. As, roi, dame, valet sont les quatre honneurs.

Levée impaire. — La levée impaire est la troisième levée de la main ; elle est fort avantageuse à celui qui la fait, en ce qu'elle en vaut deux, et qu'elle lui fait compter deux points. On trouve dans ce traité divers moyens pour se la procurer.

Marques. — Sont les figures dont on se sert pour marquer l'état de son jeu. Chaque joueur a ses marques.

Navette. — On fait la navette lorsque chacun des partenaires coupe une couleur ; et que chacun d'eux rejoue à son partenaire celle de laquelle il coupe.

Points. — Est ce qui forme le jeu ; dix points font le jeu : on les marque à raison des levées que l'on fait, des honneurs que l'on a entre soi et son partenaire, et des renonces que les adversaires peuvent faire.

Quatrième. — Est une suite ou séquence de quatre cartes qui se suivent immédiatement. Dans la même couleur, une quatrième majeure est une suite ou séquence de l'as, du roi, de la dame et du valet, et ainsi des autres.

Quinte. — Une quinte est une séquence de cinq cartes qui se suivent immédiatement dans la même couleur. On trouve dans plusieurs endroits de ce Traité des instructions très-étendues, qui apprennent comment on doit jouer toutes sortes de quintes, de quatrièmes, de tierces, etc.

Rebours. — On dit jouer à rebours, quand on joue d'une façon opposée à celle qui doit s'observer ordinairement. Comme, par exemple : si, étant fort en atout, vous jouiez comme si vous étiez faible, cela s'appellerait jouer à rebours.

Robre. — On entend par le robre un jeu triple, ou les cas où l'on aurait gagné trois fois le jeu. Ceux qui adoptent le robre, le gagnent, quand de trois jeux ils en ont gagné deux, ou quand ils ont pu faire dix points dans une seule main ; ou avant que leurs adversaires en aient marqué un. Nous avons déjà dit que cela était arbitraire, et que ces cas étaient ordinairement regardés comme des bredouilles, ou parties doubles.

Tenace. — Avoir la tenace dans une couleur, c'est en avoir la première, la troisième, et être le dernier à jouer : dans ce cas, vous pouvez aisément épier vos adversaires, quand ils vous joueront de cette couleur. Par exemple : vous avez l'as et la dame d'une couleur dont vos adversaires jouent; comme vous êtes dernier à jouer, vous pouvez sûrement faire deux levées. Il en sera de même des autres tenaces inférieures.

Tierce. — Une tierce est une séquence de trois cartes qui se suivent immédiatement dans une même couleur, l'as, le roi et la dame forment une tierce, soit de trèfle, pique, cœur ou carreau.

CHAPITRE IV

De la valeur que doivent avoir les cartes au jeu du
Whist.

Nous avons déjà dit que l'on jouait avec un
jeu complet de cinquante-deux cartes,
que la carte de la retourne décidait la couleur
d'atout. Il reste à présent à expliquer la valeur
et le rang de chaque carte en particulier.

1º L'as qui prend le roi.

2º Le roi qui prend la dame.

3º La dame qui prend le valet.

4º Le valet qui prend le dix.

Ce sont ces premières cartes que l'on nomme
les honneurs. Il y a des honneurs en atout,
et de simples honneurs qui ne sont pas d'atout.

5º Le dix prend le neuf; et ainsi des autres
cartes qui sont subordonnées à celles d'un
nombre de points supérieurs.

S'il arrivait que tous les atouts fussent tombés, les cartes qui resteraient entre les mains
des joueurs, auraient entre elles le même

rang que nous venons d'expliquer pour celles d'atout.

Mais si quelqu'un avait encore un petit atout, comme le deux, qu'il le jetât (et, ce parce qu'il n'a point de la couleur demandée), ce deux prendrait la plus forte carte qui n'est pas d'atout, et ainsi du reste.

S'il arrivait qu'un joueur n'ait ni de la couleur demandée, ni aucun atout, il est hors de cas, et il est le maître de jouer ce qu'il veut ou ce qu'il a.

Il est à remarquer que, lorsque les joueurs (avant de commencer la partie) tirent les cartes, pour désigner ceux qui seront partenaires ensemble, l'as, perdant sa valeur, n'est compté que pour un point.

CHAPITRE V

Méthode aisée pour soulager la mémoire de ceux qui jouent au Whist.

ARTICLE PREMIER

RANGEZ chaque couleur comme il faut dans votre main, les plus mauvaises à gauche, et les meilleures à droite, dans leur ordre naturel ; faites-en autant des atouts, que vous placerez à gauche de toutes les autres couleurs.

II. Si dans le courant du jeu vous apercevez que vous avez la meilleure carte qui reste dans une couleur, mettez-la à gauche de vos atouts.

III. Et si vous trouvez que vous ayez la meilleure moins une, d'une couleur dont il faut vous ressouvenir, mettez-la à droite de vos atouts.

IV. Et si vous avez la troisième bonne carte d'une couleur, dont il faut vous ressouvenir, mettez une petite de ladite couleur entre les atouts ; et cette troisième meilleure, à la droite des atouts.

V. Pour vous ressouvenir de la meilleure couleur dans laquelle votre partenaire est entré, placez-en une petite au milieu de vos atouts; et si vous n'en avez qu'un seul, à gauche.

VI. Si vous donnez, mettez la carte que vous avez tournée, à la droite des autres, et ne vous en défaites que le plus tard que vous pourrez, afin que votre partenaire puisse sentir que cette carte vous reste, et jouer en conséquence.

VII. Pour trouver quand les adversaires renoncent dans une couleur, et dans laquelle c'est :

Supposez que les couleurs que vous avez placées à droite, vous représentent vos adversaires dans l'ordre où ils se trouvent au jeu, à droite et à gauche.

Si vous soupçonnez que l'un d'eux renonce dans une couleur, mettez une petite carte de ladite couleur parmi celles qui représentent cet adversaire. Par ce moyen, vous vous ressouviendrez non-seulement qu'on a renoncé, mais vous saurez aussi qui l'a fait et dans quelle couleur.

S'il arrive que la couleur qui représente l'adversaire soit la même dans laquelle on a renoncé, changez-la contre une autre, et mettez dans celle-ci, au milieu, une petite carte de la couleur à laquelle on a renoncé, et si vous n'en avez point, mettez-y une autre carte à rebours, n'importe de quelle couleur qu'elle soit, à l'exception des carreaux seulement.

VIII. Ayant retrouvé le moyen de vous ressouvenir de la couleur dans laquelle votre partenaire est entré le premier, vous pouvez pareillement vous rafraîchir la mémoire sur celles de vos adversaires, en mettant la couleur par laquelle ils sont entrés, à la place qui représente dans votre main vos adversaires, à droite et à gauche; et au cas que vous eussiez déjà pris d'autres couleurs pour les représenter, changez celles-ci contre celles dans lesquelles chacun des adversaires est entré.

Il faut se servir de cette méthode, quand il est plus essentiel de se ressouvenir de la première entrée en jeu des adversaires, que de chercher la couleur dans laquelle ils ont renoncé.

CHAPITRE VI

Quelques règles générales qui sont essentielles
à observer.

ARTICLE PREMIER

Dès que c'est à vous à jouer, commencez
par la couleur dont vous avez le plus grand
nombre en main. Si vous avez une séquence
de roi, dame et valet, ou de la dame, du valet
et du dix, vous devez les considérer comme de
bonnes cartes pour entrer en jeu ; elles vous
feront immanquablement tenir la main, ou à
votre partenaire dans d'autres couleurs. Commencez par la plus haute de la séquence, à
moins que vous n'en ayez cinq ; dans ce cas-
là, jouez la plus petite (excepté en atout où
il faut toujours jouer la plus haute), afin d'engager votre adversaire à mettre l'as ou le roi :
par ce moyen, vous feriez passer votre couleur.

II. Si vous avez cinq des plus petits atouts,
et point d'autres bonnes cartes dans une autre

couleur, jouez atout; cela fera du moins que votre partenaire jouera le dernier, et tiendra par conséquent la main.

III. Si vous avez seulement deux petits atouts avec l'as et le roi de deux autres couleurs, et une renonce dans la quatrième, faites sur le champ autant de levées que vous pouvez; et si votre partenaire a renoncé dans une de vos couleurs, ne le forcez pas, parce que cela pourrait trop affaiblir son jeu.

IV. Vous ne devez que rarement rejouer la même couleur que votre partenaire a jouée, dès que vos cartes vous fournissent quelque bonne couleur, à moins que ce ne soit pour achever de gagner une partie, ou pour empêcher de la perdre. On entend par une couleur, lorsque vous avez une séquence du roi, dame et valet, ou de la dame, du valet et du dix.

V. Si vous avez chacun cinq levées et que vous soyez assuré d'en faire encore deux par vos propres cartes, ne négligez point de les faire, dans l'espérance de marquer deux points sur cette donne; parce que si vous perdiez la levée impaire, cela vous ferait une différence de deux, et vous joueriez à votre désavantage dans la proportion de deux à un.

Il y a cependant une exception à cette règle lorsque vous voyez une probabilité à pouvoir ou sauver la partie double, ou gagner le jeu :

dans l'un ou l'autre de ces cas, il faut risquer pour avoir la levée impaire.

VI. Si vous voyez quelque probabilité à pouvoir gagner le jeu, il faut sans balancer hasarder une ou deux levées, parce que l'avantage qu'une nouvelle donne procurerait à votre adversaire, sur la mise, irait au delà des points que vous risquez de cette façon.

Ce cas se rapporte aux Chapitres VI et VII, cas 1,2,3,4,5,6.

VII. Si votre adversaire a fait six ou sept points à rien, et que vous soyez le premier à jouer, vous devez absolument risquer une levée ou deux, afin de rendre par là le jeu égal : ainsi, si vous avez la dame ou le valet et un autre atout, et point de bonnes cartes d'une autre couleur, jouez votre dame ou votre valet d'atout. Par ce moyen vous renforcerez le jeu de votre partenaire, s'il est fort en atout, et vous ne lui causerez point de préjudice au cas où il serait faible.

VIII. Si vous avez quatre points, il faut faire en sorte de gagner la levée impaire, parce que vous vous procurez par là la moitié de la mise ; et afin que vous soyez sûr de gagner la levée impaire, il faut faire atout avec précaution, quoique vous soyez fort en atout. Nous entendons par être fort en atout, avoir un honneur et trois atouts.

IX. Si vous avez neuf points de la partie, et que vous soyez encore fort en atout, si vous remarquez qu'il y a quelque apparence que votre partenaire puisse couper quelques-unes des couleurs que votre adversaire a en main, ne jouez pas atout ; mais faites en sorte que votre partenaire puisse parvenir à couper. Par exemple, si votre jeu est marqué un, deux ou cinq, il faut jouer à rebours pour aller à cinq, six ou sept, parce que dans ces deux derniers cas, vous jouez pour quelque chose de plus qu'un point.

X. Si vous êtes dernier à jouer, et que vous trouviez que le troisième joueur ne puisse pas mettre une bonne carte dans la couleur que votre partenaire a jouée, et que vous n'ayez pas beau jeu vous-même, jouez encore la même couleur, afin de faire tenir la levée à votre partenaire (*Tenace*). Cela oblige souvent l'adversaire à changer de couleur, et faire gagner la levée dans la nouvelle couleur choisie.

XI. Si vous avez l'as, le roi, et quatre petits atouts, jouez un petit, parce qu'on peut parier que votre partenaire a un meilleur atout que celui du dernier joueur : si cela est ainsi, vous pouvez faire trois fois atout, sinon vous ne pouvez pas les faire tomber tous.

XII. Si vous avez l'as, le roi, le valet et trois petits atouts, commencez par le roi et jouez ensuite l'as, à moins qu'un de vos adversaires ne renonce, parce que la chance est pour vous, que la dame tombera.

XIII. Si vous avez le roi, la dame et quatre petits atouts, commencez par un petit, parce que la chance est pour vous, que votre partenaire a un honneur.

XIV. Si vous avez le roi, la dame, le dix et trois petits atouts, commencez avec le roi, parce que vous avez une belle chance que le valet tombera au second tour, où vous pourrez tirer parti par finesse de votre dix, en l'employant quand votre partenaire jouera atout.

Cela se rapporte au Chapitre VIII, cas 1, 2, 3.

XV. Si vous avez la dame, le valet et quatre petits atouts, commencez par un petit, parce que la chance est en votre faveur, que votre partenaire a un honneur.

XVI. Si vous avez la dame, le valet, le neuf et trois petits atouts, commencez avec la dame parce que vous avez une belle chance que le dix tombera au second tour, où vous pourrez tirer parti de votre neuf.

XVII. Si vous avez le valet, le dix et quatre petits atouts, commencez par un petit, par les raisons indiquées au n° 15.

XVIII. Si vous avez le valet, le dix, le huit et trois petits atouts, commencez par le valet, afin d'empêcher que le neuf ne fasse sa levée;

la chance est en votre faveur, que les trois honneurs tomberont, en faisant deux fois atout.

XIX. Si vous avez six atouts d'une plus basse classe, il faut commencer par le plus bas à moins que vous n'ayez le dix, le neuf et le huit, et que votre adversaire ait tourné un honneur : dans ce cas, si vous êtes obligé de passer en revue, à cause de l'honneur, commencez par le dix, parce que vous forcerez votre adversaire à mettre l'honneur à son préjudice, ou du moins vous permettrez à votre partenaire de laisser passer la carte ou non.

XX. Si vous avez l'as, le roi et trois petits atouts, commencez par un petit, par les raisons indiquées au n° 15.

XXI. Si vous avez l'as, le roi et le valet accompagnés de deux petits atouts, commencez par le roi, parce que cela doit moralement apprendre à votre partenaire que vous avez encore l'as et le valet en main ; et en faisant qu'il tienne la main, il jouera sans contredit un atout. Ayant fait cela, vous devez à votre tour faire une feinte avec le valet : ce jeu est immanquable, à moins que la dame ne se trouve seule derrière vous.

XXII. Si vous avez le roi, la dame et trois petits atouts, commencez par un petit, par les raisons de n° 15.

XXIII. Si vous avez le roi, la dame, le dix,

et deux petits atouts, commencez par le roi, par les raisons de n° 21.

XXIV. Si vous avez la dame, le valet et trois petits atouts, commencez par un petit, par les raisons de n° 15.

XXV. Si vous avez la dame, le valet, le neuf et deux petits atouts, commencez par la dame, par les raisons de n° 16.

XXVI. Si vous avez le valet, le dix et trois petits atouts, commencez par un petit, par les raisons de n° 15.

XXVII. Si vous avez le valet, le dix, le huit et deux petits atouts, commencez par le valet, parce que la chance dicte que le neuf tombera dans deux tours, où vous pourrez faire une feinte avec votre huit, si votre partenaire vous fait un retour en atout.

XXVIII. Si vous avez cinq atouts d'une plus basse classe, le meilleur parti sera de commencer à jouer par le plus bas, à moins que vous n'ayez une séquence de dix, neuf et huit; dans ce cas, il faut entrer en jeu par la plus haute de la séquence.

XXIX. Si vous avez l'as, le roi, le valet et un petit atout, commencez par le roi, par les raisons indiquées au n° 21.

XXX. Si vous avez l'as, le roi et deux petits atouts, commencez par un petit, par les raisons de n° 15.

XXXI. Si vous avez le roi, la dame et deux petits atouts, commencez par un petit, par les raisons de n° 15.

XXXII. Si vous avez le roi, la dame, le dix et un petit atout, commencez par le roi, et attendez jusqu'à ce que votre partenaire vous ait rejoué atout, alors faites une feinte avec le dix pour gagner le valet.

XXXIII. Si vous avez la dame, le valet, le neuf et un petit atout, commencez par la dame, afin d'empêcher par là que le dix ne fasse sa levée.

XXXIV. Si vous avez le valet, le dix et deux petits atouts, commencez par un petit, à cause de ce qui a été dit, n° 15.

XXXV. Si vous avez le valet, le dix, le huit et un petit atout, commencez avec le valet; afin que le neuf ne fasse pas sa levée.

XXXVI. Si vous avez le dix, le neuf, le huit et un petit atout, commencez avec le dix, parce que vous laissez par là le choix à votre partenaire de forcer sur votre carte.

XXXVII. Si vous avez le dix et trois petits atouts, commencez par un petit.

CHAPITRE VII

Quelques règles particulières qu'il faut observer.

Si vous avez l'as, le roi et quatre petits atouts, accompagnés d'une bonne couleur, il faut faire trois fois de suite atout, sans quoi on pourrait vous couper la couleur que vous portez.

II. Si vous avez le roi, la dame et quatre petits atouts, et en outre une bonne couleur, jouez atout du roi, parce que vous pourrez faire trois fois atout, quand vous serez le premier à jouer. .

III. Si vous avez le roi, la dame, le dix et trois petits atouts, avec une bonne couleur, faites atout du roi, dans l'espérance que le valet tombera au second tour : ne vous amusez pas à faire une feinte avec le dix, de peur qu'on ne vous coupe la forte couleur que vous avez.

IV. Si vous avez la dame, le valet et trois petits atouts, avec une bonne couleur, jouez atout d'un petit.

V. — Si vous avez la dame, le valet, le neuf et deux petits atouts, avec une autre bonne couleur, jouez atout de la dame, dans l'espérance que le dix tombera au second atout : ne vous amusez pas à faire une feinte avec le neuf; mais jouez atout une seconde fois, par les raisons indiquées dans les trois premiers cas de ce Chapitre.

VI. Si vous avez le valet, le dix, trois petits atouts, et une autre bonne couleur, faites atout d'un petit.

VII. Si vous avez le valet, le dix, le huit, et deux petits atouts, avec une autre bonne couleur, faites atout du valet, dans l'espérance que le neuf tombera au second tour.

VIII. Si vous avez le dix, le neuf, le huit et un petit atout, avec une bonne couleur, jouez atout du dix.

CHAPITRE VIII

Quelques jeux particuliers, et la façon avec laquelle il
faut les jouer.

ARTICLE PREMIER

Supposez que vous soyez premier à jouer, et
que votre jeu soit composé des cartes suivantes : du roi, de la dame, du valet d'une couleur; de l'as, du roi, de la dame et de deux
petites cartes d'une autre; du roi et de la dame
d'une troisième, et de trois atouts; il faut commencer par l'as de la meilleure couleur de votre
jeu, parce que cela sert d'avertissement à votre
partenaire que vous êtes maître dans cette couleur; mais il ne faut pas continuer avec le roi
de ladite couleur; il faut faire atout : et si vous
voyez que votre partenaire n'est pas assez fort
pour vous seconder en atout, et que votre adversaire attaque votre couleur faible, c'est-à-
dire celle de laquelle vous n'avez que le roi et
la dame, jouez le roi de votre meilleure couleur : et si vous remarquiez qu'un de vos adver-

saires puisse la couper, continuez à jouer celle où vous avez le roi, la dame et le valet. Et s'il arrivait que vos adversaires n'entrassent point dans votre couleur la plus faible, dans ce cas (quoique votre partenaire ne puisse pas vous seconder en atout), continuez d'en jouer tant que vous serez premier : en voici la raison. Par ce moyen, supposez que votre partenaire n'ait que deux atouts, et que chacun de vos adversaires en ait quatre, il est certain qu'en faisant trois fois atout, il n'en restera plus que deux contre vous.

II. *Premier à jouer.* — Supposez que vous ayez l'as, le roi, la dame et un petit atout, avec une séquence du roi, ou cinq cartes dans une autre couleur, et quatre autres fausses ; commencez à jouer la dame d'atout, et continuez avec l'as : cela indiquera à votre partenaire que vous avez le roi ; et comme ce serait très-mal jouer que de faire atout une troisième fois, jusqu'à ce que vous puissiez faire passer la grande couleur que vous avez encore en main, en vous arrêtant ainsi tout court, vous donnez un signe certain à votre partenaire, qu'il ne vous reste que le roi et un seul atout ; parce que si vous aviez l'as, le roi, la dame et deux atouts de plus, vous ne pourriez pas vous faire tort en jouant atout du roi pour la troisième fois.

Si vous jouez votre séquence, commencez par la plus basse carte, parce que votre partenaire y mettra l'as s'il l'a, et vous facilitera par là le moyen de pouvoir jouer les autres : et lorsque vous aurez mis votre partenaire en état d'entrer dans votre jeu, il vous jouera certainement un atout, dès qu'il sera premier à jouer, pourvu qu'il en reste encore un ou deux, puisqu'il doit poser en fait que votre roi enlèvera tous les atouts de vos adversaïres.

III. *Second à jouer.* — Supposez que vous ayez l'as, le roi et deux petits atouts, avec une quinte majeure dans une autre couleur, que vous ayez trois petites cartes d'une autre et une seule de la quatrième, supposez encore que votre adversaire du côté droit commence par jouer l'as de la couleur dont vous n'avez qu'une carte, et qu'il continue ensuite de jouer le roi, dans ce cas, ne le coupez point, mais jetez une carte fausse : s'il continue encore la dame, rejouez de rechef une fausse ; et faites-en de même au quatrième tour, dans l'espérance que votre partenaire pourra couper, lequel dans ce cas vous jouera un atout, ou entrera dans votre couleur forte. Si l'on joue atout, jouez-en deux fois et ensuite votre couleur forte ; par ce moyen, si par hasard un de vos adversaires a quatre atouts, et l'autre deux, ce qui n'arrive que rarement, puisque votre partenaire est censé avoir trois atouts dès neuf, et que vos adversaires n'en doivent naturelle-ment avoir que six, votre couleur forte force les meilleurs atouts ; il y a donc de la probabilité que vous pouvez faire seul la levée impaire ; au lieu que si vous aviez coupé une des plus fortes cartes de vos adversaires, vous auriez si fort affaibli votre jeu, qu'il vous aurait été impossible de faire plus de cinq levées, sans l'assistance de votre partenaire.

IV. Supposez que vous ayez l'as, la dame et trois petits atouts, l'as, la dame, le dix et le neuf d'une autre couleur, avec deux petites cartes dans chacune des deux autres, et que votre partenaire joue dans la couleur où vous avez l'as, le valet, le dix et le neuf ; comme cette façon de jouer demande plutôt que vous trompiez vos adversaires que de mettre votre partenaire au fait de votre jeu, ne posez que votre neuf, parce que vous engagerez par là votre adversaire à jouer un atout dès qu'il aura gagné cette carte. Aussitôt qu'il aura joué atout, faites aussi atout de votre plus fort, afin que vous soyez maître de la main : au cas que votre adversaire ait joué un atout, il est très-probable qu'il tombera dans celle de votre partenaire, supposant qu'elle doit être partagée entre lui et le sien. Si cette feinte vous réussit, elle vous sera très-avantageuse.

Supposez que vous ayez l'as, le roi et trois petits atouts, avec une quatrième au roi et deux petites cartes d'une autre couleur, et une petite carte de chacune des deux autres, et votre adversaire joue une couleur dans laquelle votre partenaire porte la quatrième majeure ; que celui-ci y mette le valet et joue ensuite l'as, vous renoncerez à cette couleur, et vous jouerez une fausse ; si votre partenaire jouait le roi, votre adversaire à droite le couperait (par exemple) avec le valet ou le dix ; dans ce cas-là, ne le surcoupez point, parce que vous courez risque de perdre deux ou trois levées en affaiblissant votre jeu ; mais s'il jouait au contraire dans la couleur dont vous n'avez pas, coupez alors, et jouez la plus basse de votre séquence, afin d'attirer l'as, n'importe que ce soit votre partenaire ou votre adversaire qui l'ait ; cela étant fait, aussitôt que vous tiendrez la main, jouez deux fois atout, et ensuite votre forte couleur. Si vos adversaires, au lieu de vous attaquer par votre faible, jouaient atout, continuez d'en jouer deux fois à votre tour, et rentrant de là dans votre couleur, tâchez d'en rester le maître. Cette méthode, quoique bonne, n'est que rarement employée.

CHAPITRE IX

Quelques observations qu'il faut faire par rapport à certains jeux, pour s'assurer que votre partenaire n'a plus de la couleur que vous lui avez joué.

PREMIER EXEMPLE

Par une couleur dont vous avez.

SUPPOSEZ que vous commenciez à jouer par une couleur dont vous avez la dame, le dix, le neuf et deux petites cartes, de quelque couleur que ce soit, que celui qui vous suit mette le valet, et votre partenaire le huit : dans ce cas, puisque vous avez la dame, le dix et le neuf, c'est une marque certaine [pour peu qu'il soit joueur] qu'il n'en a plus de cette couleur : ainsi, dès que vous avez fait cette découverte, il faut que vous jouiez en conséquence, ou en le forçant à couper, si vous êtes fort en atout, ou en jouant quelque autre couleur.

DEUXIÈME EXEMPLE

Supposez que vous ayez le roi, la dame et le

dix d'une couleur, si vous jouez votre roi, et que votre partenaire y fournisse le valet, c'est une marque qu'il n'en a plus de cette couleur.

TROISIÈME EXEMPLE

Différent des précédents.

Supposez que vous ayez le roi, la dame et plusieurs autres d'une couleur, et que vous commenciez à jouer par le roi : dans ce cas, votre partenaire, s'il n'a que l'as et une petite carte dans cette couleur, jouera fort bien en coupant votre roi de son as; car, admettant pour un moment qu'il soit fort en atout, en prenant le roi avec l'as, il se met en état de pouvoir faire atout ; et dès qu'il a fait tomber les atouts, il retombe dans la couleur de son partenaire, et s'étant défait de son as, il lui fournit les moyens de se servir de toute la suite de sa couleur; ce que celui-ci n'aurait vraisemblablement pas pu faire, si l'autre était resté maître du jeu en gardant l'as.

Et au cas que son partenaire n'ait point d'autres bonnes cartes que cette couleur, il ne perd rien en prenant le roi avec son as; mais s'il arrivait qu'il eût une bonne carte pour entrer dans cette couleur, il gagnerait de cette façon toutes les levées. Au surplus, puisque votre partenaire a pris votre roi avec l'as, et qu'il a fait atout ensuite, vous devez naturellement conclure qu'il a une autre carte de cette couleur pour vous faire rentrer en jeu ; ainsi vous ne devez jeter aucune carte de ladite couleur, quand même vous devriez vous défaire d'un roi ou d'une dame dans une autre couleur.

CHAPITRE X

Quelques jeux particuliers, dans lesquels on enseigne
comment il faut dérouter son adversaire, et indiquer
son jeu à son partenaire.

PREMIER EXEMPLE

Supposez qu'on joue l'as d'une couleur dans
laquelle vous avez le roi, et trois petits, et
que le dernier en jeu ne trouve pas à propos
de le couper, ou qu'il ne le puisse pas : il faut
vous garder de jouer le roi ; il faut tâcher de
rester maître dans la couleur, et vous ne devez
jouer qu'une petite carte, afin d'affaiblir par là
le jeu de votre adversaire.

DEUXIÈME EXEMPLE

Si l'on joue une carte d'une couleur de laquelle
vous n'avez point, et qu'il y ait une probabilité
apparente que votre partenaire n'en a pas, ou
que celles qu'il a sont inférieures à celles qui
sont jouées, jouez une de vos meilleures cartes
dans les autres couleurs, cela déroutera vos

adversaires : mais pour ne pas aussi tromper
votre partenaire, dès que ce sera à lui à jouer,
défaites-vous de vos plus faibles cartes. Cette
façon de jouer vous réussira toujours, à moins
que vos adversaires ne soient fort habiles ; encore êtes-vous, en jouant ainsi, trois fois plus
sûr de gagner que de perdre.

CHAPITRE XI

Quelques jeux particuliers dans lesquels on court risque
de gagner quatre levées en en perdant une; et aussi
d'en perdre trois pour en gagner une.

PREMIER EXEMPLE

SUPPOSEZ que trèfle soit atout, que votre
partie adverse ait joué du cœur, que votre
partenaire n'en ayant point, ait jeté un pique:
vous devez naturellement conclure qu'il ne
porte que carreau et atout, et, supposez que
vous ayez fait cette levée, mais que vous ne
soyez pas fort en atout, il faut bien vous garder
de le forcer; supposez que vous ayez le roi, le
valet, et un petit carreau, et que votre partenaire ait la dame et cinq carreaux : dans ce cas,
en vous défaisant de votre roi au premier tour,
et de votre valet au second, vous pouvez faire
entre vous et votre partenaire cinq levées dans
cette couleur; tout comme si vous aviez joué
un petit carreau, et que la dame de votre partenaire eût été coupée de l'as, le roi et le valet

qui vous restent en main, empêchent votre partenaire de faire d'autres levées en atout ; quand même il en aurait encore un de reste, en jouant un petit carreau, vous le forcez, et vous perdez de cette façon trois levées dans cette donne.

DEUXIÈME EXEMPLE

Supposez que dans un jeu pareil au précédent, vous ayez la dame, le dix et une petite carte dans la forte couleur de votre partenaire : c'est ce que vous pouvez découvrir en jouant de la façon que nous avons indiquée dans l'exemple précédent ; cette découverte étant faite, si vous supposez que votre partenaire doive avoir le valet et cinq petites cartes dans cette même couleur, si vous êtes premier à jouer, il faut commencer par la dame, et continuer avec votre dix ; si votre partenaire tient le dernier atout, il fera de cette manière quatre levées dans cette couleur ; au lieu que si vous ne jouiez qu'un petit, son valet s'en allant, et la dame restant au second coup qu'on joue dans cette couleur, dès que son dernier atout est forcé, la dame qui vous reste empêche qu'on ne puisse faire passer cette couleur ; il est évident que cette façon de jouer vous ferait perdre trois levées dans cette donne.

TROISIÈME EXEMPLE

Il a été supposé dans les exemples précédents que vous étiez premier à jouer, et que vous aviez eu occasion par là de vous défaire des meilleures cartes que vous aviez dans la couleur forte de votre partenaire, dans l'intention de faire passer toutes les autres ; supposons à présent, que vous découvriez qu'il est fort dans une couleur ; qu'il ait par exemple l'as, le roi et quatre petits, et que vous ayez de votre côté la dame, le dix, le neuf, et une des plus basses cartes de ladite couleur; si votre partenaire joue l'as, vous devez y fournir le neuf ; s'il joue le roi, le dix ; vous tâcherez de faire passer de cette façon la dame au troisième tour, et puisqu'il ne vous reste qu'une petite carte, vous n'empêchez point que la couleur de votre partenaire fasse tout son effet : au lieu que vous auriez perdu deux levées, si vous aviez gardé votre dame et votre dix, et que le valet de vos adversaires fût tombé.

QUATRIÈME EXEMPLE

Supposez que vous trouviez dans le courant du jeu, comme dans le cas précédent, que votre partenaire soit fort dans une couleur, et que vous y ayez le roi, le dix et une basse : si votre partenaire joue l'as, mettez-y votre dix, au second tour votre roi ; vous empêchez par là, suivant toute probabilité, que votre partenaire trouve quelque obstacle à faire passer sa couleur.

CINQUIÈME EXEMPLE

Supposez encore que votre partenaire ait l'as, le roi et quatre petites cartes dans sa couleur forte, et que vous ayez à votre tour la dame, le dix et une petite carte ; s'il joue son as, mettez votre dame, c'est de cette façon que vous risquerez une levée pour en gagner quatre.

SIXIÈME EXEMPLE

Nous supposons présentement que vous portez cinq cartes de la forte couleur de votre partenaire : savoir, la dame, le dix, le neuf, le huit et une petite, et que votre partenaire ait en main l'as, le roi et quatre petites ; si votre partenaire joue l'as, mettez votre huit ; s'il joue après cela le roi, posez le neuf, et au troisième tour, si personne n'a plus de cette couleur, excepté vous et votre partenaire continuez à jouer votre dame et après cela le dix ; et puisque vous n'avez plus qu'une petite, et votre partenaire deux, vous gagnez par là une levée, ce que vous n'auriez pas pu faire en jouant la plus haute, et en gardant une petite pour la jouer à votre partenaire.

CHAPITRE XII

Quelques façons particulières de jouer qu'il faut mettre en usage lorsque l'adversaire à droite tourne une figure : avec des avis comment il faut jouer, si l'on tourne une figure, ou un honneur à gauche.

PREMIER EXEMPLE

SUPPOSEZ qu'on ait tourné le valet à votre droite, et que vous ayez le roi, la dame et le dix : si vous voulez gagner le valet, commencez par jouer votre roi, afin que votre partenaire puisse connaître par là qu'il vous reste encore la dame et le dix, et cela d'autant plus facilement, que vous ne jouez pas la dame, quoique vous soyez premier à jouer.

DEUXIÈME EXEMPLE

Supposez que le valet soit tourné comme au coup précédent, que vous ayez l'as, la dame et le dix ; en jouant la dame, vous aurez le même avantage que dans le cas précédent.

TROISIÈME EXEMPLE

Si l'on a tourné la dame à votre droite, et si vous avez l'as, le roi et le valet, en jouant votre roi, vous avez le même avantage que dans les cas précédents.

QUATRIÈME EXEMPLE

Supposez qu'on ait tourné un honneur à votre gauche, et que vous n'en ayez point : dans ce cas, il faut que vous fassiez atout pour faire passer cet honneur en revue ; au lieu que si vous en aviez un, à moins que ce ne soit l'as, il faudrait bien prendre garde comment vous joueriez cet atout, parce que si votre partenaire n'avait pas un honneur, votre adversaire se rendrait maître de votre jeu.

CHAPITRE XIII

Du danger qu'il y a souvent de forcer son partenaire.

SUPPOSEZ que A et B soient associés ensemble, et que A ait une quinte majeure en atout, avec une quinte majeure et trois petites cartes d'une autre couleur, que A soit premier à jouer; supposons encore que les adversaires C et D n'aient chacun que cinq atouts : dans ce cas, A fait toutes les levées, parce qu'il est le premier à jouer.

II. Supposons au contraire que C ait cinq petits atouts, avec une quinte majeure et trois petites cartes d'une autre couleur; qu'il soit premier à jouer et qu'il force A de couper, par ce moyen A ne pourra faire que cinq levées.

III. Supposez que A et B soient associés, et que A ait une quatrième majeure en trèfle qui est atout, une autre quatrième majeure en carreau et l'as de pique ; et supposons en même temps que les adversaires C et D aient les cartes suivantes : C quatre atouts, huit cœurs, un pique ; D cinq atouts et huit carreaux. C premier à jouer commence par un cœur, D le coupe et joue carreau, lequel C coupe, et qu'en continuant ainsi la navette, chacun de ces deux partenaires coupe une des quatrièmes majeures de A ; que le tour étant à C à jouer pour la neuvième levée, il entre par pique, lequel D coupe ; les voilà donc maîtres des neuf premières levées. A reste avec la quatrième majeure en atout.

Ce cas démontre combien il est avantageux de faire la navette, dès qu'on peut la former.

CHAPITRE XIV

Qui contient divers cas mêlés de calculs pour démontrer comment il faut jouer (lorsqu'on n'est pas premier en jeu) le roi, la dame, le valet ou le dix, avec une petite carte de quelque couleur que ce soit.

ARTICLE PREMIER

Supposez que vous ayez quatre petits atouts et que vous ayez une main sûre dans chacune des trois autres couleurs, et que votre partenaire n'ait aucun atout, il faut, dans ce cas, que les autres neuf atouts se trouvent partagés entre vos adversaires; mettons qu'un en ait cinq et l'autre quatre, jouez atout autant de fois que vous serez premier, et au cas où vous le seriez quatre fois, il est évident que vos adversaires n'auront fait que cinq levées avec neuf atouts; au lieu que si vous leur aviez permis de les employer séparément, ils auraient facilement pu faire neuf levées.

Cet exemple prouve qu'il est presque toujours avantageux de faire tomber deux atouts contre un.

Il y a cependant une exception à cette règle, la voici. Si vous trouvez dans le courant du jeu que vos adversaires soient extrêmement forts dans quelque couleur particulière, et que votre partenaire ne puisse pas vous être d'un grand secours dans ladite couleur; dans ce cas, il faut examiner les points que vous avez et ceux de vos adversaires, parce que vous pourrez sauver, ou gagner le jeu, en gardant un atout pour couper cette couleur.

II. Supposez que vous ayez l'as, la dame et deux petits dans une couleur, et que votre adversaire à droite, premier en jeu, y entre : dans ce cas, ne mettez point la dame, parce qu'il est à parier que votre partenaire tient une meilleure carte dans cette couleur, que le troisième joueur : si cela est ainsi, vous voyez que vous y serez le maître.

Il y a une exception à cette règle : quand vous n'êtes pas premier à jouer, alors il faut mettre la dame.

III. Ne commencez jamais à jouer par le roi, le valet et une petite carte dans quelque couleur que ce soit, parce qu'il y a deux contre un que votre partenaire n'a pas l'as, et par conséquent 32 à 23, ou autour de cinq à quatre qu'il a la dame ou le dix, et ainsi n'ayant qu'autour de cinq à quatre en votre faveur, et devant avoir quatre cartes dans quelque autre couleur, quand même le dix en serait la plus forte, jouez-la, parce qu'il est à parier que votre partenaire a une meilleure carte dans ladite couleur que le dernier joueur, et quand même l'as resterait derrière votre main, il est à parier que cela se trouvera ainsi si votre partenaire ne l'a point, vous ne laisserez pas vraisemblablement que de faire deux levées, si votre adversaire met cette couleur sur le tapis.

IV. Supposez que vous vous aperceviez dans le courant du jeu, qu'il vous reste, entre vous et votre partenaire, quatre ou cinq atouts, si vos adversaires n'en ont pas, et que vous n'ayez aucune carte gagnante, mais que vous ayez raison de juger que votre partenaire ait une troisième ou quelque autre carte supérieure ; dans ce cas, jouez un petit atout, afin de tenir la main, pour vous pouvoir défaire d'une fausse sur cette troisième ou autre bonne carte.

CHAPITRE XV

Manière de jouer le roi, la dame, le valet ou le dix de quelque couleur que ce soit, lorsqu'on est dernier en cartes.

ARTICLE PREMIER

Supposez que vous ayez le roi et une petite carte dans une couleur, et que votre adversaire à droite y joue : s'il est habile au jeu, ne mettez point le roi, à moins que vous ne vouliez tenir la main, parce qu'un bon joueur commence rarement à jouer par une couleur dont il a l'as, il le garde pour faire passer sa forte couleur, quand les atouts sont tombés.

II. Supposez que vous ayez la dame et une petite carte d'une couleur, et que votre adversaire à droite y joue : ne posez point la dame, parce que, supposé que votre adversaire ait commencé par l'as suivi du valet, dans ce cas, dès qu'on retournera dans la susdite couleur, il fera une feinte avec le valet ; en faisant cela, il jouera beau jeu, surtout si son partenaire a joué le roi, cela vous fera faire votre dame : mais, en la mettant en premier, vous l'avertiriez que vous n'êtes pas fort dans cette couleur, et vous l'engageriez à attaquer le jeu de votre partenaire par des feintes, tant qu'il serait question de cette couleur.

III. Les exemples précédents vous ont suffisamment instruit quand il est à propos que vous mettiez le roi ou la dame, lorsque vous êtes dernier à jouer; il faut encore observer qu'au cas où vous auriez le valet ou le dix dans une couleur avec une basse, ce serait en général très-mal jouer que de mettre l'un ou l'autre si vous êtes dernier, parce qu'il y a à parier cinq contre deux, que le troisième joueur tient ou l'as, ou le roi, ou la dame, il s'ensuit qu'il y a une chance contre vous de cinq à deux; et quoique vous puissiez quelquefois réussir en jouant de la sorte, vous risquez toujours de perdre, parce que vous découvrez à vos adversaires que vous êtes faible dans cette couleur, et que ceux-ci emploient des feintes contre vous ou contre votre partenaire, tant que cette couleur dure.

IV. Supposez que vous ayez l'as, le roi et trois petites cartes d'une couleur, et que votre adversaire à droite y joue, vous y mettrez votre as, et votre partenaire le valet; et au cas où vous seriez fort en atout, il faut rejouer une petite dans cette couleur, afin que votre partenaire la puisse couper. Voici la conséquence qui résulte de cette façon de jouer : vous restez le maître dans cette couleur par votre propre jeu; et vous faites sentir en même temps à votre partenaire que vous êtes fort en atout, et qu'il peut régler son jeu en conformité, soit en tâchant de faire la navette, soit en vous jouant atout, s'il est fort en atout ou maître dans les autres couleurs.

V. Supposez que A et B ayant six points, leurs adversaires C et D sept, qu'on ait joué neuf cartes desquelles A et B ayant fait sept levées; supposez encore qu'on n'ait point compté d'honneurs; dans ce cas, A et B ont gagné la levée impaire, ce qui donne une égalité à leur jeu; supposez encore que A soit premier à jouer, et qu'il ait les deux petits atouts qui restent, avec deux fortes cartes dans les autres couleurs, et ajoutez que C et D ont entre eux les deux meilleurs atouts, avec deux autres cartes gagnantes : on demande comment il faut jouer ce jeu? Il y a onze à trois que C n'a pas les deux atouts, et pareillement onze à trois que D ne les a pas : la chance est autant en faveur de A qu'il peut gagner la somme qu'on joue, ainsi il est de son intérêt de faire atout; car, par exemple, si la mise est de 20 francs, A la tirera, si cette façon lui réussit; au lieu que s'il joue dans la méthode ordinaire, s'il force C ou D à faire atout les premiers, ayant déjà gagné la levée impaire, et étant sûr de gagner les deux autres, son jeu se comptera neuf à sept, ce qui est autour de trois à deux; et par conséquent la part de A dans les 70 francs ne montera qu'à 42 francs, il n'aura qu'un bénéfice de 7 francs; au lieu que dans l'autre cas, dans la supposition que C et D ont une prétention de deux à trois sur la mise, en jouant atout, il se procurera un droit de 55 francs sur les 70 francs.

Dès qu'on voudra faire exactement attention au cas que nous venons d'expliquer, on pourra l'appliquer pour la même fin, dans d'autres circonstances dans lesquelles un jeu se pourrait trouver.

CHAPITRE XVI

Quelques avis comment il faut jouer, si l'adversaire à
droite a tourné un as, un roi, une dame, etc.

ARTICLE PREMIER

Supposez qu'on ait retourné l'as à votre droite
et que vous n'ayez en main que le roi
et le neuf d'atout avec l'as, le roi et la dame
d'une autre couleur, et huit fausses cartes :
pour bien jouer ce jeu-là, commencez avec l'as
de la couleur dont vous avez l'as, le roi et la
dame, cela indiquera à votre partenaire que
vous être maître dans cette couleur; jouez
ensuite le dix d'atout, parce qu'il y a cinq contre deux que votre partenaire a le roi, la dame
ou le valet d'atout; et quoiqu'il y ait à parier
autour de sept contre deux que votre partenaire ne tienne pas deux honneurs, il se pourrait bien qu'il les eût et même que ce fût le roi
et le valet; dans ce cas-là, comme votre partenaire laissera passer votre dix d'atout, et qu'il
y a treize contre douze à parier que le dernier

joueur ne porte pas la dame d'atout, supposant que votre partenaire ne l'a pas, celui-ci,
dès qu'il tiendra la main, entrera dans votre
couleur forte ; et dès que vous tiendrez à votre
tour la levée, il faut que vous jouiez le neuf
d'atout, parce que vous mettrez par-là votre
partenaire à même de couper à coup sûr la
dame s'il se trouve derrière elle.

Ce cas démontre qu'un as tourné contre
vous peut devenir peu avantageux pour votre
adversaire, si vous savez bien appliquer cette
règle.

II. Si votre adversaire à droite tourne le roi
ou la dame, vous pourrez gouverner votre jeu
de la même façon ; mais il faut toujours vous
comporter suivant le degré de capacité de
votre partenaire, parce qu'un bon joueur sait
tirer parti d'un certain jeu avec lequel un
joueur moins habile réussirait rarement.

III. Supposez que votre adversaire à droite
entre en jeu par le roi d'atout, et que vous en
ayez l'as et quatre petits, accompagnés d'une
bonne couleur : dans ce cas, c'est votre jeu de
laisser passer le roi, quand même il aurait roi,
dame, valet et un autre ; s'il n'est pas un des
plus habiles joueurs, il jouera un petit, dans
la pensée que son partenaire a l'as ; s'il le fait,
il faut le laisser passer, parce qu'il y a également à parier que votre partenaire a un meil-

leur atout que le dernier joueur; cela étant, pour peu qu'il entende le jeu, il jugera que vous avez vos raisons pour avoir joué.ainsi; et en conséquence, s'il lui reste un troisième atout, il le jettera, sinon il jouera sa meilleure couleur.

IV. *Cas critique pour gagner la levée impaire.* — Supposez que A et B jouent contre C et D, et de plus, que le jeu soit à neuf, et tous les atouts tombés. A, dernier à jouer, tient l'as, et quatre petites d'une couleur et la treizième carte restante ; B n'a que deux petites cartes de la couleur de A; C a la dame et deux autres petites cartes de cette couleur; D le roi, le valet et une petite ; A et B ont gagné trois levées ; C et D quatre : ainsi il s'ensuit de là que A doit gagner quatre levées de six cartes qui lui restent, s'il veut gagner la partie. C joue cette couleur, et D y met le roi ; A lui donne cette levée; D retourne dans la même couleur ; A laisse passer sa carte, et C met sa dame, de sorte que C et D ont gagné six levées ; et C, croyant que son partenaire a l'as de ladite couleur, y retourne ; cela fait gagner à A les quatre dernières levées, et par conséquent la partie.

V. Supposez que vous ayez le roi et cinq petits atouts, et que votre adversaire à droite joue la dame; dans ce cas, ne mettez point votre roi, parce qu'il est à parier que votre partenaire a l'as; et supposant que votre adversaire ait la dame, le valet, le dix et un petit atout, il est aussi à parier que l'as se trouve seul chez votre adversaire ou chez votre partenaire ; ainsi vous joueriez fort mal en mettant le roi : mais si l'on entrait par la dame d'atout, et que vous eussiez par hasard le roi avec deux ou trois atouts, c'est alors qu'il faudrait le mettre; parce que c'est bien jouer que de commencer par la dame, dès qu'elle est accompagnée d'un seul petit atout. Alors, si votre partenaire avait le valet d'atout et que votre adversaire à gauche tînt l'as, vous perdriez une levée en négligeant de mettre le roi.

CHAPITRE XVII

Comment on doit jouer si l'on retourne le dix ou le
neuf à droite.

ARTICLE PREMIER

SUPPOSEZ que l'on ait tourné le dix à votre
droite, et que vous ayez le roi, le valet, le
neuf et deux petits atouts avec huit autres
fausses cartes, et que ce soit votre jeu d'entrer
par un atout : dans ce cas, commencez par le
valet, afin d'empêcher que le dix ne fasse sa
levée, et quoiqu'il y ait presque à supposer
que votre partenaire ait un honneur (encore
que cela manquerait en faisant une feinte
du neuf au retour en atout que votre partenaire vous fera), vous avez le dix à votre dis-
position.

II. Si le neuf tourne à votre droite, et que
vous ayez le valet, le dix, le huit et deux petits
atouts, en jouant le valet vous parvenez au
but que vous vous êtes proposé, comme dans
le cas précédent.

III. Il faut que vous fassiez une grande différence entre la couleur dans laquelle votre partenaire vous fait entrer de son propre choix, et
entre une dans laquelle il est forcé lui-même
de jouer ; dans le premier cas, il est à présumer
qu'il joue sa meilleure couleur ; et s'il voit que
vous n'en avez point et que vous n'êtes pas
fort en atout, et que par conséquent il n'ose
pas vous forcer, il jouera une autre couleur
dans laquelle il se trouvera passablement
pourvu, et vous apprendra par ce changement
qu'il est faible en atout ; au lieu que s'il continue à jouer dans celle de sa première levée,
pour peu que vous le connaissiez bon joueur,
vous devez conclure qu'il est fort en atout, et
qu'il faut que vous jouiez en conséquence.

IV. Il n'y a rien de si dangereux, au jeu de
Whist, que de changer souvent de couleur,
parce qu'on court risque dans chaque nouvelle
couleur de faire tenir la main à ses adversaires :
c'est pourquoi, si vous jouez dans une couleur
où vous avez la dame, le dix et trois petits, et
que votre partenaire mette seulement le neuf,
au cas où vous seriez faible en atout, et où
vous n'auriez point d'autre bonne couleur à
mettre sur le tapis, il ne vous resterait rien de
mieux à faire que de continuer dans la même
couleur ; en jouant la dame, vous laissez par
là au choix de votre partenaire s'il la veut

couper ou non, au cas qu'il n'en ait plus ; mais s'il arrivait qu'étant premier à jouer, vous eussiez la dame ou le valet d'une couleur avec une autre carte, il vaudrait mieux commencer par la dame de ces couleurs, parce qu'il est à supposer que votre partenaire a pour le moins un honneur dans l'une des deux.

V. Si vous avez l'as, le roi et une petite carte d'une couleur, accompagnée de quatre atouts ; au cas que votre adversaire à droite entrât en jeu par la même couleur laissez passer sa carte, parce qu'il est à parier que votre partenaire a dans cette couleur, une meilleure carte que le troisième joueur; si cela est ainsi, vous gagnerez par là une levée, sinon ayant quatre atouts vous ne courez aucun risque de la perdre ; parce que, quand même on ferait atout, il est à présumer que vous aurez la dernière.

CHAPITRE XVIII

Avertissement pour ne point se défaire des premières
cartes dans la couleur forte de son adversaire.

ARTICLE PREMIER

SUPPOSEZ que vous soyez faible en atout, et
qu'il ne vous paraisse pas que votre partenaire en soit bien pourvu : il faut bien prendre
garde comment vous vous déferez des princi-
pales cartes de la couleur forte de votre adversaire; car, en supposant que votre adversaire
joue dans une couleur de laquelle vous avez
le roi, la dame et un seul petit, au cas qu'il
entre par l'as de la même couleur, si vous jouez
la dame, vous donnez à votre partenaire un
indice infaillible que vous avez encore le roi;
quand votre partenaire y aurait renoncé, ne
mettez point votre roi, parce que si celui qui a
joué le premier dans cette couleur, ou son
partenaire, tient le dernier atout, vous risquez de perdre trois levées pour en gagner
une.

II. Supposez que votre partenaire ait encore dix cartes, et que vous jugiez qu'elles ne sont que d'une couleur ou des atouts ; supposez que vous ayez le roi, le dix et une petite de la couleur dans laquelle il est fort, avec la dame et deux petits atouts ; dans ce cas, il faut que vous lui supposiez cinq cartes dans chaque couleur, et jouiez par conséquent le roi de la couleur forte ; si vous gagnez cette levée, vous ne sauriez mieux continuer qu'en jouant votre dame d'atout ; si cela vous réussit, continuez vos atouts. Vous pouvez vous servir de cette marche, à moins que la partie ne soit de quatre à cinq.

III. Il faut se ressouvenir quelle carte a été tournée ; et il est si important, pour celui qui donne et pour son partenaire, de savoir et de se rappeler laquelle c'est, que nous croyons nécessaire d'indiquer que celui qui donne, devrait toujours placer la carte tournée de façon qu'il soit sûr de la trouver quand il en aura besoin ; car, supposez que ce ne soit qu'un cinq, et que celui qui donne en ait deux de plus, par exemple, le six et le neuf ; au cas que son partenaire fasse atout de l'as et du roi, il faut qu'il mette son six et son neuf, parce que son partenaire ayant, par exemple, le valet et quatre petits atouts, se ressouviendra que le cinq, qui est le seul restant, se trouve dans la main de son partenaire, et par ce moyen il pourra faire bien des levées.

IV. Supposez que votre adversaire à droite joue dans une couleur dans laquelle vous avez le dix et deux petits, que le troisème joueur joue le valet, et que votre partenaire le prenne avec le roi ; si celui de votre droite rejoue la même couleur et cela par une petite, mettez votre dix, parce que vous épargnerez par là l'as de votre partenaire, qu'il pourra faire valoir, si celui à droite joue la dame. Cette façon de manœuvrer ne manque presque jamais.

V. Supposez que vous ayez le meilleur atout, et que l'adversaire A n'en ait plus qu'un, et qu'il vous semble que l'adversaire B a une couleur forte ; dans ce cas, en permettant même à A de faire son atout, si vous gardez le vôtre, vous empêchez que l'adversaire B ne puisse jouer sa couleur forte; au lieu que si vous aviez pris l'atout de A, cela ne vous aurait fait qu'une différence d'une levée, pendant que vous pouvez en faire probablement trois ou quatre en employant cette méthode.

VI. *Le cas suivant arrive très-souvent.* — Qu'il vous reste deux atouts, tandis que vos adversaires n'en ont qu'un; si vous apercevez alors que votre partenaire a une forte couleur, ne manquez jamais de faire atout quand même vous n'auriez que le plus petit de tous, parce qu'en les ôtant à vos adversaires, vous faites circuler la couleur forte de votre partenaire.

VII. Supposez que vous ayez trois atouts lorsque personne n'en a plus, et qu'il vous reste encore quatre cartes d'une certaine couleur, jouez atout, parce que vous indiquez par là à votre partenaire que vous les avez tous, et vous fournissez une occasion à vos adversaires de jeter une carte de la couleur qui vous reste ; par ce moyen, supposez qu'on ait déjà joué une fois ladite couleur, il en est tombé quatre, lesquelles avec celles qu'on a jetées font cinq, les quatre que vous y avez jointes, font neuf, il n'en reste donc que quatre entre les trois joueurs; et comme il est à parier que votre partenaire peut aussi bien avoir la meilleure que le dernier joueur, il s'ensuit que vous avez une chance égale de pouvoir faire trois levées, ce qui ne serait vraisemblablement pas arrivé si vous aviez joué autrement.

VIII. Supposez que vous ayez cinq atouts et six petites cartes d'une autre couleur, et que vous soyez premier en jeu, vous ne sauriez mieux faire que de commencer par la couleur où vous en avez six ; parce que vous trouvant court dans les deux autres couleurs, vos adversaires feront vraisemblablement atout, et joueront par là votre propre jeu ; au lieu que si vous aviez commencé par en jouer vous-même, ils vous auraient forcé et auraient dérangé votre jeu.

CHAPITRE XIX

Explication plus ample de la façon de jouer les séquences.

En fait d'atouts, il faut toujours jouer les plus fortes cartes des séquences, à moins que vous n'ayez l'as, le roi et la dame : dans ce dernier cas, jouez la plus basse, afin d'instruire votre partenaire de la situation de votre jeu.

II. Dans les couleurs qui ne sont point atouts, si vous avez une séquence composée de roi, dame, valet et deux petits, le meilleur parti sera de commencer par le valet; il n'importe que vous soyez fort en atout ou non, parce que, en faisant tomber l'as, vous faites circuler toute la couleur.

III. Et au cas où vous seriez fort en atout, si vous avez une séquence de dame, valet, dix et deux petites cartes dans quelque couleur que ce soit, il faut jouer la plus haute de votre séquence; parce que, soit qu'un des adversaires coupe cette couleur au second tour, cela ne pourra pas vous nuire, attendu que vous trouvant fort en atout, vous faites tomber les leurs, et vous réussissez à faire le reste de cette couleur.

On peut observer la même méthode, lorsqu'on a une séquence de valet, dix, neuf et deux petites d'une couleur.

IV. Si vous avez une séquence de roi, dame, valet, et d'une petite couleur, jouez votre roi, n'importe que vous soyez fort en atout ou non, et faites-en de même dans toutes les autres séquences inférieures, pourvu qu'elles soient de quatre cartes.

V. Mais si vous vous trouviez par hasard faible en atout, il faudrait commencer par la plus basse de la séquence, au cas où elle serait composée de cinq cartes ; car supposez que votre partenaire porte l'as de ladite couleur, vous le lui faites faire ; et il est égal que ce soit vous ou votre partenaire qui fassiez cette levée : mais si vous avez l'as et quatre petites d'une couleur, et si vous vous trouviez faible en atout, dès qu'on y joue, vous ne sauriez mieux faire que de mettre votre as : si vous êtes au contraire fort en atout, vous pouvez jouer comme bon vous semble ; mais il faut jouer tout à rebours dès que vous ne l'êtes point.

VI. Expliquons à présent ce que nous entendons par être fort ou faible en atout.

Si vous avez as, roi et trois petits.
Roi, dame et trois petits.
Dame, valet et trois petits.
Dame, dix et trois petits.
Valet, dix et trois petits.
Dame et quatre petits.
Valet et quatre petits.

Dans toutes ces différentes positions vous serez très-fort en atout; ainsi en jouant suivant les règles indiquées, vous serez certainement assuré d'être maître dans le courant de la donne.

Si vous n'avez que deux ou trois petits atouts, vous y serez faible.

VII. Les cas qui doivent vous autoriser à forcer votre partenaire à jouer atout sont ceux où vous n'aurez que :

L'as et trois petits.
Le roi et trois petits.
La dame et trois petits.
Le valet et trois petits.

VIII. Si par hasard vous ou votre adversaire avez forcé votre partenaire (quand même vous seriez faible en atouts), s'il a été premier à jouer et s'il ne juge pas à propos de faire atout, forcez-le à le faire aussi souvent que vous serez premier à jouer, à moins que vous n'ayez quelque bonne couleur à jouer.

IX. Si par hasard vous n'aviez que deux ou trois petits atouts, et que votre adversaire jouàt une couleur de laquelle vous n'avez pas, coupez-la; cela apprendra à votre partenaire que vous êtes faible dans cette couleur.

X. Supposez que vous ayez l'as, le valet et un petit atout, et que votre partenaire vous en jouât, qu'il ait, par exemple, le roi et trois petits : supposez que votre adversaire à droite ait trois atouts et celui à gauche un pareil nombre ; dans ce cas, en faisant une feinte avec votre valet et en jouant votre as, si la dame se trouve à votre droite, vous gagnerez la levée, mais si elle est à gauche, que vous jouiez l'as et ensuite le valet, et que vous permettiez par là à l'adversaire de gauche d'employer sa dame (et c'est ce qu'il doit nécessairement faire), il y a au delà de deux à parier qu'un des adversaires a le dix, et alors vous ne pouvez pas gagner la levée en jouant de la sorte.

XI. Si votre partenaire premier à jouer a commencé par l'as d'atout, et que vous ayez, par exemple, le roi, le valet et un petit, en mettant le valet et en faisant un retour avec le roi, vous obtiendrez l'avantage que la règle précédente procure.

Vous pouvez aussi employer la même méthode dans d'autres couleurs.

XII. Si vous êtes fort en atout, si vous avez le roi, la dame et deux ou trois petites cartes, dans toute autre couleur, vous pouvez commencer par un petit, étant à parier cinq contre quatre, que votre partenaire a un honneur dans cette couleur ; mais si vous êtes faible en atout, il faut commencer par le roi.

XIII. Si votre adversaire à droite premier à jouer joue dans une couleur dont vous avez le roi, la dame et deux ou trois petites cartes, laissez passer sa carte, parce qu'il est également à parier que votre partenaire a une meilleure carte dans cette couleur que le troisième joueur ; et quand même cela ne serait pas, vous ne devez pas craindre de ne pas tirer parti de votre couleur, puisque vous êtes fort en atout.

XIV. Si votre adversaire à droite joue dans une couleur de laquelle vous portez le roi, la dame et une petite, que cette couleur soit atout ou non, mettez toujours la dame ; de même si vous avez la dame, le valet et une petite carte, mettez le valet ; et si vous avez le valet, le dix et une petite, mettez le dix, parce qu'en jouant la seconde de vos meilleures cartes, vous faites deviner par-là à votre partenaire que vous en avez encore de plus fortes dans cette couleur, et il pourra juger, au moyen des calculs joints à ce traité, quelle est la chance qu'il y a pour ou contre lui.

XV. Si vous aviez l'as, le roi, et deux petites dans quelque couleur que ce soit, et que vous soyez en même temps fort en atout ; s'il arrivait que votre adversaire à droite entrât dans cette couleur, laissez passer sa carte, parce que la chance est égale que votre partenaire ait une meilleure carte dans cette couleur que le troisième joueur : si cela est, vous gagnerez une levée en jouant de cette façon, sinon étant fort en atout vous ferez infailliblement votre as et votre roi.

XVI. Si vous avez l'as, le neuf, le huit et un petit atout, et que votre partenaire joue le dix, laissez-le passer, parce que vous êtes sûr de faire deux levées à moins qu'il n'y ait deux honneurs derrière la main ; jouez comme si vous aviez le roi, le huit et un petit atout, ou la dame, le neuf, le huit et un petit atout.

XVII. Si vous voulez quelquefois tromper vos adversaires, voici comment il faudra vous y prendre. Si l'adversaire à droite entre par une couleur dans laquelle vous avez l'as, le roi et la dame, ou l'as, le roi et le valet, mettez l'as, parce que cela encouragera votre adversaire à y retourner : il est vrai que par ce moyen vous trompez votre partenaire aussi bien que vos adversaires, mais dans le cas présent il vous-est plus important de les tromper que d'avertir votre partenaire ; car, voici ce qui en résulte : si vous aviez mis la plus basse carte de votre tierce majeure, ou le valet de l'autre couleur, vous auriez mis votre adversaire à droite en état de découvrir combien vous aviez de supériorité sur lui dans cette couleur ; et il en aurait immanquablement changé.

XVIII. Supposez que vous ayez l'as, le dix et une petite dans une couleur, ou l'as, le neuf et une petite dans une autre ; jouez d'abord la couleur où vous avez l'as, le neuf et une petite, par la raison que la chance est égale que votre partenaire ait une meilleure carte dans ladite couleur que le dernier en jeu ; et supposant pour un moment que votre adversaire à droite entre en jeu par le roi ou la dame de la couleur dont vous avez l'as, le dix et un petit, dans ce cas il est à parier que votre partenaire a une meilleure carte que le troisième joueur : si cela est ainsi, dès qu'on retourne dans cette couleur, vous avez la dernière, qui vous fait tenir jeu et vous donne par conséquent la chance de faire trois levées dans ladite couleur.

XIX. *Cas qui démontre comment on peut se procurer la dernière carte.*—Supposons que A et B jouent ensemble, que A porte l'as, la dame, le dix, le huit, le six et le quatre de trèfle, ce qui lui fera faire six levées sûres.

Supposons encore qu'il ait les mêmes cartes

en pique, cela lui fera encore six levées de plus ; nous posons ceci en fait, sur la maxime que A tient toujours les dernières cartes de ces deux couleurs.

Supposons que B ait le même jeu en cœur et en carreau, que A ait en pique, en trèfle, et que A ait les dernières cartes en cœur et carreau, cela fera douze levées sûres, si A est toujours premier à jouer.

Le cas précédent démontre que les deux jeux sont exactement égaux ; ainsi si l'un ou l'autre nomme ses atouts quand il est premier à jouer, il ne gagnera que douze levées.

Mais si l'un nomme les atouts et que l'autre soit premier à jouer, celui qui nomme ses atouts doit gagner treize levées.

Ceux qui veulent parvenir à jouer ce jeu dans la dernière perfection, ne doivent pas seulement se contenter de savoir les calculs contenus dans ce traité pour juger de tous les cas, tant généraux que particuliers qui peuvent arriver, il faut qu'ils observent exactement toutes les cartes qu'on jette, et quand on les jette, si c'est leur partenaire ou leur adversaire ; quiconque observera scrupuleusement ces avis, deviendra sûrement un habile joueur.

CHAPITRE XX

Premières additions de quelques cas.

ARTICLE PREMIER

Lorsqu'il vous paraît que vos adversaires ont encore trois ou quatre atouts, et que ni vous ni votre partenaire n'en avez plus, ne vous avisez jamais de le forcer à couper, et à se défaire d'une bonne carte, mais cherchez plutôt à entrer dans sa couleur; si vous n'en avez point du tout, vous empêcherez par-là que les autres ne profitent séparément de leurs atouts.

II. Supposez que A et B soient associés contre C et D, et qu'on ait déjà joué neuf cartes, que huit atouts soient tombés; supposez encore qu'il n'en reste plus qu'un seul à A et que son partenaire B ait l'as et la dame d'atout, et que les adversaires C et D aient entre eux deux, le roi et le valet d'atout, que A joue son petit atout, que C y mette le valet, faut-il que B le prenne de l'as ou de la dame?

B doit prendre le valet avec l'as, parce que D

ayant encore quatre cartes et C seulement trois, il y a à parier quatre contre trois en faveur de B, que le roi se trouvera chez D ; si nous réduisons le nombre de quatre cartes dans une main à trois, la chance sera de trois à deux ; et si nous réduisons le nombre de trois cartes dans une main à deux, la chance est de deux à un que B gagnera une levée en mettant son as d'atout : en observant cette règle, on pourra la faire valoir dans toutes les autres couleurs.

III. Supposez que vous ayez le troisième atout, et la troisième carte d'une couleur avec une fausse, et supposez encore qu'il ne vous reste plus que trois cartes ; vous ne savez quelle carte vous devez jouer, il faut que ce soit la fausse, parce que, si vous jouiez votre troisième carte la première, vos adversaires sachant que vous avez le dernier atout, ne laisseraient point passer votre fausse, et vous joueriez par conséquent dans la proportion de deux à un contre vous même.

IV. Supposez que vous ayez l'as, le roi et trois petites d'une couleur qui n'a pas encore été jouée ; et supposons encore qu'il vous paraisse que votre partenaire ait le dernier atout : pour tirer tout le parti imaginable de votre jeu, il faut que vous commenciez par une petite carte de votre couleur, parce qu'il est à parier

que votre partenaire doit avoir une meilleure
carte en main que le dernier à jouer ; si cela
était, et qu'il n'y eût que trois cartes dans la
main de chacun des joueurs, il s'ensuivrait que
vous feriez cinq levées dans cette couleur, au
lieu que si vous jouiez l'as ou le roi de cette
couleur, il y aurait à parier deux contre un
que votre partenaire n'a point la dame ; et par
conséquent en jouant l'as et le roi, il y a deux
contre un que vous ferez deux levées dans cette
couleur. On peut se servir de cette méthode
dans le cas où tous les atouts seraient joués,
pourvu qu'on ait de bonnes cartes en d'autres
couleurs pour faire revenir celle en question ;
il faut observer qu'en jouant ainsi, vous ré-
duisez la chance, qui était contre vous ; et que
vous pouvez probablement, par ce moyen, gagner trois levées.

V. Si vous souhaitez que vos adversaires
fassent atout, et que votre partenaire vous ait
invité à jouer dans une couleur où vous avez
l'as, le valet, le dix, le neuf et le huit, ou le
roi, le valet, le dix, le neuf et le huit, il faut
que vous jouiez le huit de chaque couleur,
cela engagera probablement l'adversaire à
jouer atout, dès qu'il aura gagné cette carte.

VI. Supposez que vous ayez une quatrième
majeure dans quelque couleur que ce soit, avec
une ou deux de plus dans la même couleur, et

qu'il soit nécessaire que vous fassiez connaître à votre partenaire que vous êtes maître dans ladite couleur, jetez votre as sur la première couleur où vous aurez renoncé, afin de lui dissiper ses doutes, parce que' la chance est en votre faveur que vos adversaires n'ont pas plus de trois cartes de la même couleur ; vous pouvez vous servir de la même méthode si vous avez une quatrième au roi, vous pouvez jeter votre roi, pourvu que l'as soit joué ; de même si vous aviez une quatrième à la dame, dès que l'as et le roi ne se trouvent plus au jeu, vous pouvez jeter votre dame ; ceci met votre partenaire au fait de votre jeu ; et vous pouvez appliquer la même règle à toutes les séquences .inférieures, pourvu que vous ayez en main la meilleure carte de celles qui les composent.

VII., Rien n'est si commun que de voir des joueurs qui n'ont qu'une médiocre connaissance du jeu : quand on a tourné le roi à leur gauche, et qu'ils n'ont que la dame et un seul petit atout ; il n'est rien de si commun, dis-je, que de les voir faire atout de la dame, dans l'espérance que leur partenaire pourra prendre le roi si on le met, sans réfléchir qu'il y a double à parier que leur partenaire n'a point l'as, et qu'en supposant qu'il l'eût, ils ne sentent pas qu'ils risquent deux honneurs contre un, et ils affaiblissent par conséquent leur jeu ; il n'y a que la nécessité de faire atout qui doive les engager à jouer ainsi.

VIII. *Cas qui arrive très-souvent.* — A et B sont associés contre C et D ; tous les atouts sont tombés, à l'exception d'un seul que C ou D doivent avoir ; A porte trois ou quatre cartes gagnantes d'une couleur qu'on a déjà jouée avec un as et une petite d'une autre, on demande si A fera mieux de jouer une de ses cartes gagnantes, ou une petite de la couleur où il a l'as.

Il fera beaucoup mieux de jeter une de ses cartes gagnantes ; parce que si son adversaire à droite joue dans la couleur de son as, il dépendra de lui de laisser passer sa carte, et en faisant cela, son partenaire B a une chance égale d'avoir une meilleure carte dans cette couleur que le troisième joueur ; si cela est ainsi, et qu'il ait une carte haute à jouer, ou une dans la couleur de son partenaire, afin de forcer par là le dernier atout, l'as qui lui reste fait entrer les cartes gagnantes ; au lieu que si A eût jeté la petite de la couleur de son as, et que l'adversaire à droite eût joué dans cette couleur, il aurait été obligé de mettre son as, et aurait par conséquent perdu par là trois levées.

IX. Supposez qu'on ait joué dix cartes, et qu'il soit très-probable que l'adversaire à droite porte encore trois atouts; savoir, le meilleur et deux petits; supposez encore que vous n'en ayez que deux et que votre partenaire n'en ait point du tout, et que votre adversaire à droite joue une troisième ou quelqu'autre carte gagnante, dans ce cas laissez-la passer, vous gagnerez par là une levée.

X. Pour faire connaître votre jeu à votre partenaire, voici comment il faudra vous y prendre. Supposons que vous ayez une quatrième majeure en atout, ou quatre des meilleurs atouts; si vous êtes obligé de couper, faites-le avec l'as d'atout et jouez le valet, ou prenez avec le meilleur des quatre atouts et jouez le plus petit ; par là vous ferez connaître votre jeu à votre partenaire ; cette découverte pourra lui devenir un moyen de faire plusieurs levées. Vous pouvez employer cette règle dans toutes les couleurs.

XI. Si votre partenaire vous demande si vous avez huit points, avant qu'il soit temps de le pouvoir faire, jouez-lui un atout, n'importe que vous en ayez peu ou beaucoup, que vous soyez fort dans une couleur ou non ; puisqu'il vous demande cela avant qu'il soit obligé de le faire, c'est une marque qu'il est fort en atout.

XII. Supposez que votre adversaire à droite tourne la dame de trèfle, et qu'il en joue le

valet lorsqu'il est le premier en carte, et supposez que vous ayez l'as, le dix et un trèfle,
ou le roi, le dix, et un petit, vous ne savez pas
si vous devez couper ce valet ou le laisser passer; voici ce que vous devez faire : il ne faut
point le prendre, parce qu'il est à parier qu'en
jouant le valet, puisque vous n'avez point le
roi, que votre partenaire l'a; il est de même à
parier, que quand on joue le valet de trèfle,
que votredit partenaire en a l'as, dès que vous
ne le tenez point; donc vous gagnez une levée
en le laissant passer, ce qui n'aurait pas pu se
faire si vous aviez mis ou le roi, ou la dame de
trèfle.

XIII. *Cas où l'on peut faire la vole.* — Supposons que A et B soient associés contre C et
D, et que ce soit à D à donner, que A ait le
valet, le neuf et le sept de trèfle qui est d'atout
une quatrième majeure en carreau, une tierce
majeure en cœur et l'as, et le roi de pique.

Supposons que B ait neuf carreaux; deux
piques et deux cœurs.

Encore, que D ait l'as, la dame, le dix et le
huit d'atout avec neuf piques.

Et que C ait cinq atouts et huit cœurs.

A doit jouer atout que B prendra; D jouera
pique que son partenaire C coupera ; C jouera
atout que son partenaire prendra; et D entrera par pique que C coupera, et C jouera

atout que D prendra, et D ayant le meilleur
atout doit le jouer; cela fait, D ayant sept
piques en main, les gagne et fait par là la
vole.

CHAPITRE XXI

Deuxième addition de quelques cas fort intéressants.

ARTICLE PREMIER

Sɪ votre partenaire commence à jouer par le roi d'une couleur de laquelle vous n'avez point, laissez-le passer et défaites-vous d'une fausse carte, à moins que l'adversaire à droite n'ait mis l'as, parce que en faisant cela, vous faites circuler la couleur de votre partenaire.

II. Supposez que votre partenaire entre en jeu par la dame d'une couleur, et que l'adversaire à droite la prenne de l'as et qu'il y rejoue ; au cas ou vous n'en auriez point, gardez-vous bien de couper sa carte, mais défaites-vous d'une fausse, parce que vous ferez passer par ce moyen la couleur de votre partenaire, il en faut cependant excepter les cas où vous joueriez pour la levée impaire ; alors vous pouvez couper, surtout si vous vous trouvez faible en atout.

III. Supposez que vous ayez l'as, le roi et

une petite carte d'une couleur et que votre adversaire à droite en joue; supposez de plus, que vous ayez quatre petils atouts et point d'autre bonne couleur à jouer; supposez encore que votre adversaire à droite entre par le neuf ou quelqu'autre basse carte : dans ce cas, prenez de l'as, et retournez dans la même couleur par une petite, votre adversaire jugera par là que le roi est derrière sa main, et ne mettra par conséquent point sa dame s'il l'a ; cela vous procurera une probabilité de faire cette levée, et instruira en même temps votre partenaire de la situation de votre jeu.

IV. Si votre partenaire vous oblige à couper dès le commencement du jeu, vous pouvez juger par là qu'il est fort en atout; à moins que votre jeu ne soit marqué de quatre ou de neuf dès que vous avez en main des atouts, jouez-les.

V. Supposez qu'ayant huit points vous appeliez votre partenaire, et que celui-ci n'ait point d'honneurs, tandis que vous avez, par exemple, le roi, la dame et le dix, ou le roi, le valet et le dix d'atout, si l'on joue atout, mettez toujours le dix, parce que cela montrera à votre partenaire qu'il vous reste deux honneurs, et il réglera son jeu en conséquence.

VI. Supposez que votre adversaire à droite appelle lorsqu'il a huit points et que son partenaire n'ait aucun honneur, et que vous, au contraire, ayez le roi, le neuf et un petit atout, ou la dame, le neuf et deux petits ; si votre partenaire joue atout, mettez votre neuf, parce qu'il est à parier, que le dix ne se trouve pas bon, ainsi en jouant le neuf vous travaillez à votre propre avantage.

VII. Si vous jouez par hasard une couleur dans laquelle vous avez l'as, le roi et deux ou trois petites, si vous voyez en jouant votre as, que votre partenaire y mette le dix ou le valet, que vous ayez une carte seule dans quelqu'autre couleur, ou seulement deux ou trois petits atouts, dans ce cas-là [et pas autrement] jouez votre carte seule afin d'établir une navette : voici ce qui en résultera ; en jouant cette couleur vous donnez une chance égale à votre partenaire d'y voir une meilleure carte que le dernier joueur, au lieu que s'il vous avait invité à jouer dans ladite couleur, laquelle aurait vraisemblablement été celle où il aurait été fort, vos adversaires auraient découvert que vous aviez l'intention de former la navette, et auraient par conséquent fait atout pour vous empêcher de faire tous vos petits ; mais en jouant ainsi, votre partenaire peut aisément sentir la raison pour laquelle vous changez de couleur, et régler son jeu en conformité.

VIII. Supposez que vous ayez l'as et le deux d'atout, et que vous soyez fort dans les trois autres couleurs; si vous êtes premier à jouer, jouez votre as et ensuite le deux d'atout, afin de faire tenir la levée a votre partenaire et de faire tomber deux atouts contre un : quand même le dernier joueur gagnerait cette levée, s'il joue une couleur dans laquelle vous portez l'as, le roi et deux ou trois autres, laissez passer sa carte, parce que la gageure est égale, que votre partenaire y possède une meilleure carte que le troisième joueur; cela étant, il aura une belle occasion de faire tomber deux atouts contre un. Quand vous serez premier à jouer, il faudra tâcher de forcer une des deux restantes, et au cas ou vous en auriez déja joué deux, vous auriez encore la chance que votre partenaire en tienne une.

IX. Supposez qu'on ait joué dix cartes, et que vous ayez le roi, le dix et une petite d'une couleur qui n'a pas encore été sur le tapis; supposez que vous ayez gagné six levées, que votre partenaire entre dans ladite couleur, et que personne n'ait ou un atout ou une troisième carte; dans ce cas ne jouez point votre roi, à moins que votre adversaire à droite n'entre par une si haute, que vous soyez obligé de vous en servir; gardez-le pour le mettre quand on vous fera un retour dans ladite couleur, cela vous vaudra la levée impaire qui fait une différence de deux ; si par hasard on avait joué neuf cartes, dans une pareille circonstance, il faudrait observer la même règle : il faudra au surplus se servir toujours de la même méthode, à moins que le gain de deux levées ne vous donnât pas la chance, ou de sauver la partie double, ou de gagner le jeu.

X. Supposez que A et B jouent contre C et D, et que B ait les deux derniers atouts et la dame, le valet et le neuf d'une autre couleur, supposons encore que A n'ait ni l'as, ni le roi, ni le dix de cette même couleur, et qu'il doive y jouer : B ne sait celle qu'il doit jouer pour se procurer une probabilité des plus grandes, d'y pouvoir faire une levée. B doit jouer le neuf de cette couleur, parce qu'il n'y a que cinq à quatre contre lui, que son adversaire à gauche tient le dix ; et quand il jouerait ou la dame ou le valet, il y aurait de trois à un que l'as ou le roi se trouvent dans le jeu de sondit adversaire ; ainsi, il réduit la chance de trois à un contre lui seulement à celle de cinq à quatre.

XI. Changeons le cas précédent et mettons le roi, le valet et le neuf d'une couleur dans la main de B, dans la supposition que A n'a ni l'as, ni la dame, ni le dix ; si A est premier à jouer dans cette couleur, l'égalité est parfaite, si B joue, ou le roi, ou le valet, ou le dix.

XII. Supposez que vous ayez l'as, et trois ou quatre petites cartes d'une couleur qui n'a pas encore été jouée, et qu'il vous semble que votre partenaire possède le dernier atout, si vous êtes premier à jouer, jouez une de vos petites cartes, parce que la chance est égale, votre partenaire ayant une meilleure carte dans cette couleur que le dernier joueur ; si cela est ainsi, la probabilité est que vous ferez cinq ou six levées dans cette couleur, au lieu que si vous jouez l'as ou le roi il y a cinq à parier contre un que votre partenaire n'a point la dame, et par conséquent vous risquez deux contre un de ne faire que deux levées et de perdre trois ou quatre levées, dans cette seule donne, pour en vouloir gagner une.

XIII. Supposez que votre partenaire entre en jeu par une couleur dont il a l'as, la dame, le valet accompagnés de plusieurs autres ; qu'il commence par l'as, et qu'il continue avec la dame ; au cas où vous auriez le roi et deux petites, prenez sa carte du roi, et supposant que vous soyez fort en atout, en faisant tomber ceux des autres et en jouant un petit de la couleur forte de votre partenaire, vous la faites circuler et gagnez par là nombre de levées.

CHAPITRE XXII

Du Whist en cinq points.

Les Règles du Whist en cinq points sont les mêmes que celles du Whist en dix points, sauf les exceptions ci-après :

La partie se joue en cinq points et se paye une, deux ou trois fiches. Une fiché si les adversaires ont marqué trois points ; deux s'ils ont marqué un point, et trois fiches s'ils n'en ont marqué aucun.

A quatre points on ne peut gagner par les honneurs, il faut alors faire la septième levée.

Si, après la punition infligée, il reste encore à ceux qui ont renoncé assez de points pour gagner la partie, ils doivent rester à quatre.

Ceux des joueurs qui gagnent au moyen de leurs points, sans avoir besoin de renonces, peuvent en faisant démarquer leurs adversaires, en faire usage pour gagner double ou triple.

Lorsqu'un joueur s'aperçoit qu'un de ses adversaires fait une renonce, il a le droit, si cela lui paraît utile à son jeu, d'exiger qu'il fournisse de la couleur demandée, et la carte jouée d'abord est étalée. Si, malgré cette demande, l'adversaire persiste et accomplit la renonce, il perd la partie triple, quel que soit l'état de sa marque ou le nombre de ses points.

CHAPITRE XXIII

Du Whist aux tricks doubles

ARTICLE PREMIER

La partie se joue en dix points.

II. Chaque trick au-dessus de six, vaut deux points ; — trois honneurs deux points ; — quatre honneurs quatre points.

III. Deux points marqués empêchent la perte triple ; — six points la perte double. Il n'y a pas de schelem.

IV. Les honneurs comptent à huit points, mais on ne chante pas. Les tricks comptent avant les honneurs. Dans beaucoup de cercles on ne compte pas les honneurs ; c'est ce qu'il convient de décider en commençant le jeu.

V. Chaque point de punition compte double.

VI. On punit la renonce de trois manières : 1º en prenant trois levées au parti qui renonce et les ajoutant aux siennes ; 2º en lui effaçant six points de sa marque; 3º en ajoutant six points à sa propre marque. Si le côté qui a renoncé avait encore, après la punition infligée, assez de point pour gagner, il devrait rester à huit.

VII. Les autres règles de la partie à dix points qui ne sont pas en opposition avec celles indiquées ci-dessus sont applicables à la partie aux tricks doubles.

CHAPITRE XXIV

Du Whist avec un mort, autrement dit Whist à trois.

LE Mort, ou Whis à trois, se joue par trois personnes (une contre deux). Celui qui tient le jeu du mort, ou quatrième, place ce jeu devant lui et à découvert.

II. Cette partie se joue, soit en cinq points, soit en dix, soit aux tricks doubles, en suivant les règles particulières à chacun de ces jeux, sauf les exceptions ci-après.

III. On ne joue pas le schelem dans cette partie.

IV. Après que l'on a tiré pour déterminer les partenaires, celui qui a pris la carte la plus basse est chargé de diriger le jeu du mort, il choisit la place et les cartes, et il donne le premier (1). Il a pour adversaires ceux qui ont pris les cartes les plus hautes.

V. Si l'on admet un rentrant, le tirage

---

(1) Celui qui est chargé du jeu du mort peut, à son choix, donner pour son compte ou pour le mort.

a lieu entre quatre personnes. Celles qui ont tiré les trois plus basses cartes commencent à jouer, et celui qui a tiré la plus basse des trois dirige le jeu du mort et a les avantages indiqués à l'art. 4.

VI. Le joueur qui a fait le mort change de rôle après le robre fini. Il cède son emploi à celui de ses deux adversaires qui avait la carte la plus basse après la sienne. Celui-ci choisit une nouvelle place, si celle devenue vacante ne lui convient pas; il choisit aussi les cartes et donne. Le rentrant devient le second adversaire du nouveau mort. Le jeu continue de même, chaque joueur se retirant après avoir fait le mort.

VII. Le joueur qui fait le mort doit ranger par couleur devant lui les cartes du jeu du mort.

VIII. Quand celui qui fait le mort néglige de fournir sur une levée une carte de son jeu, et reste ainsi avec une carte de plus que les autres, les adversaires peuvent maintenir le coup ou faire redonner : les adversaires n'ont aucun droit si la carte qui n'a pas été fournie appartient au jeu du mort.

IX. On punit toutes les fautes commises par les adversaires du mort (et cela sans exception), conformément aux règles établies pour chaque genre de partie.

X. On ne peut appeler les cartes que montrerait ou jouerait à tort celui qui fait le mort, soit que ces cartes soient tirées de son jeu ou qu'elles appartiennent à celui du mort ; on ne peut pas davantage lui commander de jouer dans une couleur, ni lui faire jouer une carte qu'il aurait séparée et montrée sans l'avoir quittée.

XI. Celui qui fait le mort est cependant soumis aux règles suivantes :

1º S'il joue sur une levée, de l'un ou de l'autre de ses jeux, une fois la carte jouée et quittée elle est maintenue. 2º S'il joue hors de son tour, ou de l'un de ses jeux pour l'autre, les adversaires peuvent avant d'avoir joué, s'ils s'en aperçoivent, rectifier le coup ou le maintenir. Une fois la carte couverte, la rectification n'est plus dans leur droit.

XII. Quand celui qui fait le mort renonce de son propre jeu, il est passible de toutes les punitions infligées à la renonce ; mais si la renonce vient du jeu du mort, elle n'entraîne aucune punition, attendu que, s'il y a faute, les adversaires peuvent l'empêcher s'ils le veulent. Cependant, lorsque la levée a été tournée et quittée et que l'un des adversaires a rejoué pour une levée suivante, le coup reste ce qu'il est et le jeu continue comme si l'on n'avait pas renoncé.

FIN

DELARUE, libraire, rue des Grands-Augustins, 3

CATALOGUE

MAGIE BLANCHE

LE MAGICIEN DES SALONS, ou le Diable couleur de rose. Recueil nouveau de tours d'escamotage, de physique amusante, de chimie récréative, tours de cartes, etc. Nouvelle édition, illustrée d'un grand nombre de figures sur bois gravées avec le plus grand soin. Un beau vol. in-12, avec 200 figures. — 3 fr. 50

LES MILLE ET UN AMUSEMENTS DE SOCIÉTÉ. Recueil de tours d'adresse ou d'escamotage, de subtilités ingénieuses, de récréations mathématiques, d'expériences tirées de la physique, de tours de cartes, etc. : ouvrage orné de 130 gravures pour l'intelligence du texte, dédié aux personnes qui veulent s'amuser et divertir les autres à peu de frais. Gros vol. in-18. — 2 fr

LES MILLE ET UN TOURS DE PHYSIQUE AMUSANTE DÉVOILÉS, pour faire suite aux Mille et un Amusements de Société publiés par BLISMON (de Douai). Édition ornée de gravures. — 2 fr

SONGES

LA CLEF DES SONGES, ou explication des songes, rêves, visions, par Mlle LEMARCHAND, auteur du *Grand jeu de l'oracle des dames*, etc. Un joli volume imprimé avec le plus grand luxe, nombreuses vignettes, papier superfin glacé, jolie couverture. — 3 fr. 00

LA PRESCIENCE, ou grande interprétation des songes, des rêves et des visions. Traité curieux extrait de tous les ouvrages des auteurs anciens et modernes qui se sont adonnés à l'étude et à l'explication des sciences occultes. Un très-joli volume in-12. — 3 fr. 50

LE GRAND TRAITÉ DES SONGES, ou explication complète, claire et facile des rêves, visions, apparitions, oracles et inspirations nocturnes, tiré des traditions de JOSEPH, DANIEL, APOMAZOR, ARTÉMIDOR et autres savants *Grecs*, *Égyptiens*, *Arabes* et *Persans*. 50 gravures. 1 fr. 25

PROPHÉTIES

LES PROPHÉTIES DE MICHEL NOSTRADAMUS, dont il y a trois cents qui n'ont encore jamais été imprimées, ajoutées de nouveau par ledit auteur. Édition augmentée des prophéties et révélations de sainte BRI-GITTE, saint CYRILLE, etc., et à laquelle on a joint : *Les prophéties de Thomas Joseph Moult*. Un magnifique volume imprimé avec luxe. 3 fr. 50

CARTOMANCIE

LA VÉRITABLE CARTOMANCIE expliquée par la célèbre sibylle française. Nouvelle édition ornée de 1750 figures. Un joli volume format in-16, broché. 6 fr.

LE GRAND ETTEILLA, ou art de tirer les cartes, contenant : 1° Une introduction rappelant l'origine des cartes ; 2° l'indication des tarots qui composent le véritable livre de THOT ; 3° une méthode au moyen de laquelle on peut apprendre soi-même sa destinée, etc., par Julia ORSINI. In-12, 78 figures. 5 fr.

LE GRAND JEU des 78 tarots égyptiens, ou livres de Thot, 78 cartes dans un étui. 6 fr.

LE GRAND JEU DE L'ORACLE DES DAMES. 78 cartes-tarots imprimés en chromo-lithographie, à l'imitation des miniatures du XVᵉ siècle, renfermées dans un étui et accompagnées d'un livret explicatif, par Mlle LE-MARCHAND. 10 fr.

L'ORACLE PARFAIT, ou le passe-temps des dames. *Art de tirer les cartes*, avec explication claire et facile de toutes les cartes du jeu de piquet, leur interprétation et signification, d'après ETTEILLA et Mlle LE-NORMAND. Joli volume, impression de luxe, papier superfin glacé. 3 fr.

ORACLES

LE GRAND ORACLE DES DAMES ET DES DEMOISELLES, conseiller du beau sexe, répondant à toutes les questions sur les événements et situations diverses de la vie. Nouvelle édition, revue, corrigée et augmentée d'après les manuscrits des savants : LAVATER, ETTEILLA, Julia ORSINI, etc, par Mlle LEMARCHAND. Un beau volume imprimé avec soin. Couverture en rouge et noir. 2 fr.

L'ORACLE DES DAMES et des demoiselles, conseiller du beau sexe, répondant etc., par OLIVARIUS.   1 fr.

LE PETIT ORACLE DES AMANTS, ou les horoscopes de l'amour. La plupart mise en rebus. Douze à quinze cents petites figures.   1 fr.

JEUX

MANUEL DU JEU DE BILLARD, par Désiré LEMAIRE. Magnifique volume in-8, 42 planches en couleur, papier superfin glacé, impression de luxe.
                                                                    5 fr.

ACADÉMIE DES JEUX, contenant la règle des jeux de calculs et de hasard, et généralement tous les jeux connus, anciens et nouveaux, jeux de famille, des cercles, des eaux, etc., et mis en ordre par BONNEVEINE. Un volume format anglais, nombreuses vignettes, papier superfin glacé, caractères neufs.   3 fr. 50

TRAITÉ DU JEU DE DAMES, par MANOURY. Édition augmentée de nombreuses figures pour faciliter l'intelligence du texte. Joli volume, impression de luxe.   1 fr.

TRAITÉ ILLUSTRÉ DU JEU DE PIQUET, contenant les principes et les règles du jeu de piquet, par ROBERT. Un joli volume.   1 fr.

TRAITÉ ÉLÉMENTAIRE DU JEU DE WHIST, contenant les principes de ce jeu, les règles qui lui sont propres, ainsi que les combinaisons les plus utiles pour apprendre en peu de temps à y jouer dans toute la perfection possible, par BERNARD. Un volume, papier glacé.   1 fr.

TRAITÉ DU JEU DE TRICTRAC. Nouvelle édition augmentée du jeu du *Jacquet*, par RICHARD. Un joli volume, nombreuses figures.   1 fr.

LEÇONS ÉLÉMENTAIRES SUR LE JEU DES ÉCHECS, par M. l'abbé VÉTU. 2 vol., 125 planches en couleur.   6 fr.

ANALYSE DU JEU DES ÉCHECS, par PHILIDOR. Nouvelle édition, illustrée de 50 planches, coups difficiles, fins de partie, etc.   3 fr. 50

MANUEL DE L'AMATEUR DU JEU DES ÉCHECS, avec un poëme par Ceruti, une notice par Jaucourt, les règles, etc., par STEIN. 1 volume, 34 figures.   5 fr.

TRAITÉ THÉORIQUE ET PRATIQUE DU JEU DES ÉCHECS, par UNE SOCIÉTÉ D'AMATEURS. 3ᵉ édition.   4 fr. 50

LE JEU DES ÉCHECS, par Gioachino GRECO, *dit le Calabrais.* Nouvelle édition, imprimée avec le plus grand soin.   3 fr. 50

LE JEU DES ÉCHECS, selon la méthode de Philippe STAMMA. In-12 103 planches.   5 fr

NOUVEAU TRAITÉ DU JEU DES ÉCHECS, par DE LA BOURDONNAIS. 1 volume in-8, 60 planches.   25 fr.
    Cet ouvrage est épuisé depuis longtemps.

LIVRE POUR APPRENDRE A JOUER AU JEU DES ÉCHECS, par
DAMIANO, traduction nouvelle par C. Sanson. 90 figures, fins de partie,
1 beau vol.   1 fr. 50

LA RÈGLE, la marche, termes explicatifs, conseils et fins de parties du
Jeu des échecs, par PHILIDOR, recueillies par Bonneveine. In-12 illustré.
Broché.   1 fr.

LA RÈGLE du jeu des échecs, in-12.   » 50

CHANSONS

LA FLEUR DES CHANSONS FRANÇAISES, choix de chansons co-
miques, romances, chansonnettes, rondes, vaudevilles, contes et fables en
chansons, etc., etc. Beau volume petit in-8, illustré de 100 magnifiques
vignettes par les premiers artistes, broché.   3 fr. 50
Relié dos chagrin, tranches dorées.   5 fr.

RECUEIL DES PLUS JOLIES CHANSONS, romances, chansonnettes des
auteurs anciens et modernes. Un joli volume in-32.   1 fr.

CHANSONS CHOISIES DE PIRON, Collé, Gallet, Favart, Latteignant,
Grécourt, Sedaine, Panard, etc., etc. Un joli volume in-32.   1 fr.

ALBUM POÉTIQUE, ou choix de romances et de chansons des auteurs
les plus anciens; recueillies par J.-P. Charrin, membre de plusieurs Aca-
démies, convive fondateur des *Soupers de Momus*. Paris, imprimerie *Jules
Didot*. Un beau volume in-18, papier superfin satiné.   2 fr. 50

ALBUM MUSICAL, 48 chansons, romances, etc., avec les airs gravés.
Jolies vignettes. Terminé par un souvenir où sont représentées les plus
jolies femmes de France : Lavallière, Montespan, Ninon de Lenclos, etc.
Un joli volume gravé entièrement, cartonnage Bradel, au lieu de 6 fr. 3 fr.

L'AMI DE LA FAMILLE, couplets pour fêtes, naissances, anniversaires, etc.
Un joli volume in-32.   1 fr.

CHANSONS DE NOCES (Recueil de). Couplets et chansonnettes à l'occasion des mariages, baptêmes, anniversaires, etc. Un joli volume in-32.
                                                               1 fr.

LE CHANSONNIER GALANT, ou la lyre française. Un fort beau volume
in-18.   2 fr.

LES FLEURS DU PARNASSE. Almanach lyrique des dames. Joli volume
avec vignettes.   2 fr.

ESPRIT ANACRÉONTIQUE DES POETES FRANÇAIS. Recueil très-
complet de chansons, par les auteurs les plus célèbres, anciens et modernes. 1 volume, papier vergé.   2 fr.

LE CHANSONNIER FRANÇAIS, contenant un choix des plus jolies chansons des auteurs du bon vieux temps : Piron, Collé, Gallet, Dorat, l'At-
teignant, Panard, et . Un volume in 18.   » 50

JARDINAGE

MANUEL THÉORIQUE ET PRATIQUE DU JARDINIER, contenant les connaissances élémentaires de la culture ; l'organisation des plantes, leur fécondation et leur multiplication ; les époques de semis, la taille des arbres, la description et la culture des plantes potagères, aromatiques et économiques ; des arbres fruitiers, arbres, arbrisseaux et arbustes d'ornements ; les plantes d'ornement, plantes d'orangerie, de serre chaude et tempérée ; suivi d'un Dictionnaire des termes de jardinage et de botanique, d'une table analytique des matières, par PIROLLE. Nouvelle édition, revue et augmentée par MM. Noisette et Boitard, chevaliers de la Légion d'honneur, membres de plusieurs sociétés savantes. Illustré de 150 vignettes par Thiébault. Un gros volume in-12 de 672 pages, broché. 5 fr.

MANUEL ILLUSTRÉ DU JARDINIER FLEURISTE, par Victor BRÉANT et BOITARD. Gros volume in-18 grand raisin, nombreuses gravures coloriées représentant les fleurs les plus recherchées pour l'ornement des jardins. 5 fr.

Ce volume traite spécialement de la culture des fleurs et arbustes d'ornement.

MANUEL DU JARDINIER, contenant tout ce qui concerne la culture des jardins potagers, fruitiers et fleuristes, la taille des arbres, etc., par Vincent LUCAS. 50 gravures. Un joli volume in-12. 3 fr.

FLEURS ARTIFICIELLES

ART DE CONFECTIONNER LES FLEURS ARTIFICIELLES. Édition dédiée aux dames par Mme B***. Un volume format in-18, orné d'un grand nombre de gravures. 3 fr. 50

L'IMITATION DES FLEURS rendue facile, par le même auteur. Un volume, nouvelle édition avec figures. 2 fr.

Ce volume traite des roses à la minute, fleurs en papier, petits ouvrages en fleurs, etc., etc.

CUISINE

MANUEL COMPLET DE LA CUISINIÈRE contenant : un Guide pour les personnes en service, les soins du ménage, des appartements, de la vaisselle, du linge, etc.. etc., le service de la table suivant le nombre des convives, la carte des mets et des vins de chaque service, la manière de découper ; mille recettes gastronomiques, ou résumé général des cuisines française, italienne et anglaise ; la pâtisserie, les confitures de différentes espèces, les liqueurs, sirops, glaces, limonades, eau de Seltz, etc., par Mlle CATHERINE. 50e édition. Un gros volume in-12, avec un grand nombre de figures. 3 fr.

CORRESPONDANCE

LE SECRÉTAIRE GÉNÉRAL, contenant des modèles de pétitions à adresses aux ministres, aux préfets, avec des instructions relatives à tous les usages de la correspondance ; lettres de fête, de bonne année, de condoléance, de recommandation, de félicitation, de remerciments ; lettres d'affaires et de commerce, modèles de lettres de change, billets à ordre, effets, promesses, obligations, quittances de loyer, lettres de voiture, billets d'invitation, lettres d'amour, déclarations, demandes en mariage, instructions relatives aux correspondances nuptiales ; lettres de faire part, de naissance, de mariage et de décès. Suivi de lettres de Mᵐᵉ de Sévigné, Voltaire, Rousseau, etc., etc. Ouvrage rédigé et mis en ordre par PRUDHOMME. 60ᵉ édition, suivant le cérémonial français. Un beau vol. in-12, avec un tableau colorié. 3 fr.

AFFAIRES

GUIDE EN AFFAIRES, ou la loi mise à la portée de tout le monde par PRUDHOMME, contenant : un traité de l'application des lois, droits civils, décès, actes de l'état civil. Naissance, mariage, contrat de mariage, publications, dispenses, opposition, droits et devoirs des époux, filiation légitime, régime de la communauté, conventions matrimoniales, régime dotal, biens paraphernaux, séparation de biens, séparation de corps. Tutelle, adoption, absence, majorité, interdiction, conseil judiciaire, domicile. Des biens, de la propriété, nue propriété, usage et habitation, servitudes, comment on acquiert la propriété. Obligations, de l'effet des contrats et obligations. Vente, vente à réméré, licitation, échange, louage, voituriers et maître de bateaux, devis, marchés, cheptel, société, du prêt, rentes, dépôt, contrats aléatoires, mandat, cautionnement, transaction, nantissement, privilèges et hypothèques, expropriation, prescriptions, successions, donations, testaments. Un fort vol. in-12, papier fin glacé, cartonnage solide. 3 fr. 50

FORMULAIRE GÉNÉRAL DE TOUS LES ACTES, SOUS SEING PRIVÉ, que l'on peut faire soi-même, tels que : arbitrages, alignement, contrat d'apprentissage, arrêté de compte, atermoiement, bail, bilan, billets, bornage, caution, certificat, cession de biens, compromis, congé, contre-lettre, convention, décharge, dépôt, désistement, devis, demande de dispenses, échange, états de lieux, expertise, gage, mandat, mitoyenneté (actes concernant la), partage, pension alimentaire, plainte, quittance, société, testament, transaction, transport, tutelle, vente ; avec une instruction spéciale à chacune des affaires auxquelles se rapportent les actes par PRUDHOMME. Un beau vol. in-12. 3 fr.

COMPTES FAITS OU NOUVEAU BARÊME, contenant : 1° comptes faits calculés depuis un centime jusqu'à dix mille francs ; 2° un traité élémentaire d'arithmétique ; 3° le système métrique expliqué, cubage, arpentage, etc.; 4° la tenue des livres, des tableaux de comptes d'intérêts, depuis 3 jusqu'à 10 pour 100, mis en ordre par PRUDHOMME. Un beau volume.
2 fr. 50

BIBLIOTHÈQUE CHOISIE POUR LA JEUNESSE

Éditions splendidement illustrées

FABLES DE J. DE LA FONTAINE, format anglais. 2 vol. illustrées d'environ 100 vignettes, par Pauquet, papier superfin glacé, impression de luxe. Prix, broché, les 2 vol. réunis.
3 fr. 50
Toutes les figures coloriées.
7 fr.

LES FABLES DE FLORIAN, format anglais. 1 vol. illustré d'environ 50 vignettes, par Pauquet.
2 fr. 50
Toutes les vignettes coloriées.
4 fr.

LES CONTES DE PERRAULT, même format. 1 vol. illustré d'environ 50 vignettes par Henri Émy.
2 fr. 50
Toutes les figures coloriées.
4 fr.

LE MAGASIN DES ENFANTS, par Mᵐᵉ LEPRINCE DE BEAUMONT. 1 gros vol., format anglais, 120 vignettes, par Télory, papier glacé. Broché. Couverture illustrée.
3 fr. 50
Relié.
5 fr.

PAUL ET VIRGINIE, par BERNARDIN DE SAINT-PIERRE. 1 beau vol., format anglais, vignettes par les premiers artistes, impression de luxe. Broché.
3 fr. 50

LE VICAIRE DE WAKEFIELD, traduit de l'anglais. 1 vol. petit in-8, vignettes anglaises. Broché.
3 fr. 50
Relié.
5 fr.

VOYAGES DE GULLIVER, format anglais. 1 vol. illustré d'environ 150 vignettes, par H. Émy, papier superfin glacé, impression de luxe, broché.
3 fr. 50
Relié.
5 fr.

CONTES CHOISIS de Mᵐᵉ LEPRINCE DE BEAUMONT, format anglais. 1 vol illustré.
2 fr. 50
Relié.
4 fr.

CONTES de Mᵐᵉ D'AULNOY, format anglais. 50 vignettes, papier glacé, broché.
2 fr. 50
Relié.
4 fr.

DON QUICHOTTE DE LA MANCHE, traduction nouvelle par Rémond.

128 vignettes par Télory. 2 beaux volumes format anglais, papier fin glacé, broché. 4 fr.

Jolie reliure, en un volume. 5 fr. 50

HISTOIRE DE FRANCE, par Jules ROSTAING. Un très-gros volume illustré de 75 portraits gravés avec le plus grand soin. 3 fr. 50

Jolie reliure. 5 fr.

ALBUMS

LES CONTES DE PERRAULT. Un splendide volume in-4, encadrements en couleur, nombreuses illustrations, papier satiné. 3 fr.

LE PREMIER LIVRE DE MON FILS, entièrement colorié. 1 fr.

LE PREMIER LIVRE DE MA FILLE. Même type. 1 fr.

Albums assortis in-4 et in-8 ; alphabets se dépliant ; petits livres de lecture.

PETITE BIBLIOTHÈQUE OMNIBUS

Chaque volume : 1 franc

Recueil de Contes à rire.	Éloge de l'Ivresse.
Recueil des plus jolies chansons françaises.	Facéties et Naïvetés épistolaires.
Académie des Jeux.	Anecdotes de Jurisprudence.
Recueils de Calembours.	Bons Mots sur la Gastronomie.
Chansons choisies de Piron.	Variétés littéraires.
La Malice des Femmes.	Trésor des Singularités.
Recueil de Charades.	Anecdotes comiques.
Trésor des bons mots.	Histoires amusantes, scandaleuses.
Recueil de Proverbes.	Trésor de Gasconnades.
Recueil de Caquets.	Anecdotes sur le Tabac (Tabaciana).
Poésies joviales.	Énigmes et Charades.
Fables de Florian.	Trésor des Arlequinades.
Trésor de Curiosités.	Manon Lescault.
	Chansons de noces.

Adresser les demandes par lettres affranchies à M. Delarue, libraire-éditeur, rue des Grands-Augustins, n° 3, à Paris.

PARIS. — IMPRIMERIE DE E. MARTINET, RUE MIGNON, 2.